CIRREN DER HERTALDIS

Ich schenke mir dieses Büchlein in handlicher Form zu meinem 70. Geburtstag mit der Option, dass auf diese Weise meine Töchter Hertaldis und Petra und meine Enkelinnen Pauline und Maria nach meinem irdischen sich um Redlichkeit bemühenden Leben ein wenig von meinem Gedankengut erfahren.

Ich danke meinen Eltern, die schon vor 56 und 52 Jahren gestorben sind, mich aber mit einem Riesenfüllhorn immerwährender Liebe für alles, was mir das Leben als Verantwortung aufgetragen hat – ob Mensch oder Tier – ausgerüstet haben.

Berlin, Juni 2014

Hertaldis Offermann

Hertaldis Offermann

CIRREN DER HERTALDIS

KEINE LANGE - WEILE
KEINE KURZE - WEILE
UNTERHALTSAME - WEILE

*Bibliografische Information der Deutschen Nationalbibliothek:
Die Deutsche Nationalbibliothek verzeichnet diese Publikation
in der Deutschen Nationalbibliografie; detaillierte bibliografische Daten sind im Internet über http://dnb.dnb.de abrufbar.*

© *2014 Hertaldis Offermann, Berlin*

*Herausgeber & Abbildungen:
Ralf W. Höpfner >¡< Markenfeuer Hamburg*

*Herstellung und Verlag:
BoD – Books on Demand, Norderstedt*

ISBN: 978-3-7386-3037-4

VORGEDANKE

Mit 6 Jahren belauschte ich aufmerksam die Sprache Erwachsener, beobachtete deren Wirkung und entdeckte bei gleichem Wortlaut verschiedene Reaktionen.

Schon 1950 erlebte ich die mögliche „Klugheit", etwas so zu sagen, dass ein Andersdenkender es nicht versteht und doch eine verständnisvolle Miene zeigt.

Das begründete meine Vorliebe für das lebenslange Mühen, hinter die Fassade zu blicken. Beide mogelten erfolgreich für das eigene Erleben.

Mein Vater äußerte eine verklauselte Ablehnung gegen die DDR und der uniformierte Staatsdiener wollte den schlauen Versteher zeigen und pflichtete ihm bei.

So jage ich nun 64 Jahre später noch diesem Phänomen nach und liebe es, dazu Reime in einfacher Sprache –
doch verzwickten Inhalts – zu verfassen.

Zum Geleit

Salve, Hertaldis.

die Cirrus-Wolken – auch Cirren genannt – treten in Höhen zwischen 6 km und 10 km auf. In dieser Höhe ist es so kalt, dass diese Wolken fast ausschließlich aus Eiskristallen bestehen. Sie können entweder ziemlich ungeordnet aussehen oder auch eine langestreckte und strähnig auseinandergezogene Struktur haben.
So wirken sie wie von den starken Höhenwinden verweht, welche die eisigen Wolken an deren Rändern auffransen. Trotzdem haben wir auf Grund der enormen Höhe ihres Auftretens den Eindruck, als würden sich die Cirren nicht von der Stelle bewegen. Deshalb werden sie auch zur Familie der *hohen Wolken* gezählt.

Du nennst Deine Verse *„Cirren der Hertaldis"*.
Wir zählen sie zur Familie der *hohen Gedanken*.

Deine Cirren, Hertaldis.
Kristallklar fallen sie
sanft wie Schnee
aus Deinem Himmel.

Sie kühlen den Schmerz der einen,
bedecken schützend die anderen,
gelten allen,
die noch blühen wollen.

Danke, dass Du sie mit uns teilst.

Ralf Höpfner
Herausgeber

2. Auflage
Hamburg, Juli 2015

INHALTSVERZEICHNIS

Abend in Barcelona	39		Ent-Täuschung	115
Abschied	128		Enttarnung	56
Achtung	80		En passant	48
Affe	72		Erkenntnis	85
Älterwerden-Lass mich	55		Erinnerung	10
Alle Drei	112		Erfahrung	116
All-Energie	30		Es ist so	51
All-Tag	125		Fast	114
Alltag	22		Faszination	11
Antrieb	14		Fishwatching	57
A-Pathie	42		Folger	121
Aus	77		Frage	138
Ausgeliefert	109		Freund	135
Aus Gewordenem	84		Geburtstag	28
Balance	122		Geheimnis	50
Begrüßung	102		Gestrige	97
Beobachtung	94		Hätte	125
Beobachtung an Mensch und Tier	126		Halt lieber jetzt an	108
Chaos	32		Helfer	54
Da war doch was	89		Ich bin ein Klavier	132
Dank	87		Im Flieger 11:15	37
Dazwischen	78		Im Flieger 11:30	38
Der Neider	131		Inhalt Form	81
Disziplin	74		Kehrseite	141
Du-O	24		Kein Druck	139

Kreis	20	Unendlich	62
Kurzgedanke	52	Unterschied	118
Leider	44	Unvermeidbar	95
Lieber Alpha	68	Verfehlt	86
Lot	34	Vernetzt	120
Mini	117	Verstehen	88
Missverständnis	79	Versuchung	53
Motiv	100	Verrückt	96
Nachleben	98	Verwandte	130
Namen	66	Verzögerung	107
Netto	82	Vogel	16
Nur das Tier	106	Vorschlag	70
Nur Irrtum	35	Vorwurf	73
Orbital	49	Wandel	67
Perfekt	31	Warnung	60
Poesie	15	Warum	46
Reagieren	92	Was wäre wenn	75
Rot erwartet	104	Wechselwirkung	124
Rücksicht	91	Weinen	17
Ruhe mit Würde	64	Wenn ich von	63
Schade	41	Wieder da	90
Schmerz	26	Wohnmobil	105
Sinne	18	Wunder	69
So geht es auch	71	Wunsch	40
So oder so	58	Wurzel	110
So oder so 2	136	Zeit für Ältere	36
Sorge um	33	Zufriedenheit	76
Staunen	13		
Symbiose	12		
Tiere sind	140		

ERINNERUNG

FETZEN FLUSEN SPINNGEWEBE
KREUZ UND QUER DURCHS GANZE LEBEN
GIBST DU DICH DA SELBST HINEIN
WIRD BIZARR DAS ERDENSEIN

WAS SICH DA ALS NACHBAR MELDET
HAT KAUM EIN GEMEINSAM BAND
ALS DASS DU DICH D'RAN ERINNERST
UND ALS TEIL VON DIR ERKANNT

DU BIST SELBST DES PUZZLES MACHER
DOCH NUR BLITZE TAUCHEN AUF
ZEIT UND RAUM SIND AUFGEHOBEN
REALES SEIN IST LÄNGST VERRAUCHT

MANCHER DOLCHSTOSS TRIFFT NOCH HEUTE
ZIEHT DICH FORT AUS GEGENWART
SCHMERZHAFT WEINT DIE ALTE SEELE
MANCHE WUNDE NIE VERNARBT

STAUNEND TRIFFT DAS WIRKLICHSEIN
DICH NOCH IMMER ÜBERLEBEND
WAS KANN DENN ERINN'RUNG SEIN
WENN NICHT DOCH DAS GLÜCK DES LEBENS

Berlin, den 1.2.2011

FASZINATION – TIER

AUGEN OHREN MÜNDER OFFEN
STAUNEND FREMDES SEIN ERKANNT
KLARE REGELN UND GESETZE
WERDEN AUF DEN FILM GEBANNT

KLUGE KENNER FINDEN WORTE
DAS GEFILMTE ZU ERKLÄREN
DOCH DAS WUNDER DIESER WELTEN
WIRD SICH IMMER NEU GEBÄREN

DANK DER TECHNIK UND DER NEUGIER
DIE MIT HERZBLUT FORSCHEND SUCHT
WIE DIE AND'REN WESENSARTEN
IHREN LEBENSKAMPF ERPROBT

WELCHES TIER ERFORSCHT DEN MENSCHEN
IHNEN IST DAS PIEPEGAL
WIE WIR UNS'RE NESTER BAUEN
UNS BEKLEIDEN ÜBERS JAHR

LACHEN SIE VIELLEICHT IM CHORE
ÜBER UNSER MISSGESCHICK
UNS'RE SELBSTERKOR'NE ROLLE
STOLZ ZU SEIN FÜR N I C H T I N S T I N K T

NICHTS IST NUN MEHR OHNE LERNEN
KEINE CHANCE ZUM LEBEN BLEIBT
UM SO SCHLAUER WIR DANN WERDEN
SICH DIE ARMUT NOCH MEHR ZEIGT

Berlin, den 2.2.2011

SYMBIOSE HUND – MENSCH

KLEINSTE GESTE WIRD GEDEUTET
SELBST GEDANKEN HÖRT ER LAUT
FORDERT DAS IHM EINGERÄUMTE
JEDEN TAG FÜR SICH ERNEUT

IST EIN WUNSCH IHM MAL GELUNGEN
FORDERT ER DICH IMMER NEU
SEINER SEHNSUCHT SICH ZU BEUGEN
AUCH WENN DICH DAS NICHT ERFREUT

SEINE UHR LÄUFT IMMER SCHNELLER
UNGEDULDIG MAHNT ER LAUT
DASS DU ENDLICH DICH IHM WIDMEST
MACHST – WAS SEINE SEELE FREUT

WEHE WENN DU OHNE WILLEN
ER VERSCHLUCKT DICH SAMT DER ZEIT
NUR NOCH FÜR IHN DARFST DU LEBEN
ERST SEIN SCHLAF DIR RUH VERLEIHT

TROTZDEM LIEBST DU DIESEN TERROR
ZEIGT ER DOCH---DU WIRST GEBRAUCHT
WIEVIEL ÄRMER WÄR DER ALLTAG
OHNE DIESES "MACH DICH AUF!"

Berlin, den 3.2.2011

STAUNEN

ES IST WAHR – ES IST WIRKLICH
UNUMKEHRBAR – NIE ERAHNT
DASS AUS LODERND HEISSER FLAMME
NICHT EIN FUNKEN DICH NOCH BANNT

STAUNEND HORCHST DU IN DEIN WESEN
WO IST HIN DAS ALTE BAND
WAR DAS DENN EIN FREMDES LEBEN
DAS DIE SINNE SO VERKANNT

NEIN – SOLCH FEUER WAR NUR FOLGE
ILLUSIONEN – TRÄUMEN NAH
WENN ERWÜNSCHTES FACHT DIE GLUT AN
WIRD NICHT MAL EIN WASSER GAR

LIEBES GLUT BRAUCHT STETE NAHRUNG
OBHUT SORGE WACHSAMKEIT
UNERSCHÖPFLICH WIRD DER VORRAT
SCHEUT NICHT AUFWAND ODER ZEIT

IST DER ANDRE NICHT MEHR ANDERS
BIST DU SELBST DIR NICHT MEHR FREMD
SIND DIE BEIDEN NOCH SIE SELBER
BIST DU DA WO LIEBE BRENNT

Berlin, den 5.2.2011

ANTRIEB

DU BIST EINE EULE – DOCH SCHON VIEL ZU ALT
DEN ABEND ERQUICKEND ZU FEIERN
DAS TANZEN UND TRINKEN WIE ESSEN UND LIEBEN
HAST DU – ALS DU JUNG WARST – SCHON SELTEN GETRIEBEN

JETZT WIRST DU ZUR AMSEL – DIE SCHON FRÜH AM MORGEN
DAS LEBEN VERKÜNDET – ZUM SINGEN ERKOREN
SCHON ERSTES ERWACHEN DES EMSIGEN TREIBENS
WIRD DIR NUN ZUR LUST – ZIELVOLLE NEUGIER EIN INNERES MUSS

SO SCHAUST DU IN MANCHES MÜDE GESICHT
DIE AUGEN NACH INNEN GEWENDET
DAS BETT ZU ERREICHEN IST JETZT DEREN PFLICHT
DER SONNE STRAHLEN SIE BLENDET

DIE ANDEREN HÖREN DIE MORGENTÖNE
DAS STÄDTISCHE GROLLEN AUCH VOGELGESANG
GENIESSEN CAFE ALS DES TREIBENS BEGINNEN
UND SCHLENDERN IN HOFFNUNG DIE STRASSE ENTLANG

MUSEEN SIND ALLE VERRIEGELT – VERRAMMELT
DIR BLEIBT NUR DER FUSSMARSCH DER BUS UND DIE TRAM
DIE STADT ZU BEWUNDERN IN IHREM GEWORDNEN
VOR MANCHER SKULPTUR ICH FRAGEN ERSANN

WER WAR WOHL DER GROSSE – DER HIER WIRD VEREHRET
NIE FOLGST DU DER PLÖTZLICHEN WISSENSBEGIER
OBWOHL ES MANCH GROSSER VERDIENSTE BEDURFTE
BIS EINE STADT MACHT EIN ANTLITZ ZUR ZIER

WENN DIE – DIE DAZWISCHEN – AM FRÜHSTÜCKSTISCH SITZEN
GEMÄCHLICH ERKUNDEN *WAS WOLLEN WIR TUN*
BIST DU SCHON ERMATTET VOM FRÜHEN EROBERN
HAST NUN AUCH DIE LUST JETZT ERST MAL ZU RUH'N

SO SIEHST DU SIE ALLE: DIE EULEN, DIE AMSELN
WIE KRÄHEN UND SPATZEN SICH EIFRIG BEMÜH'N
DAS LEBEN AN JEDEM TAG ZU GESTALTEN
VON PFLICHT ODER LUST ZUM HANDELN GETRIEB'N

Rom, den 5.2. 01.00 Uhr a.m. go a.

POESIE

POESIE SOLL TROST DIR BRINGEN
BESS'RE ZEITEN ZU BESINGEN
DIE DIE ZUKUNFT SICHER BRINGT
WENN DU DAS WEH DES HEUT BEZWINGST

ALLE SCHMERZEN WERDEN LINDER
LEBST DU LANG GENUG DAMIT
ZWINGT DER ALLTAG SEINE SORGEN
DECKT DAS ALTE AB MIT SPLIT

GRABEN SOLLTEST SEIN DU LASSEN
LAUF NACH VORWÄRTS NICHT ZURÜCK
DENN DER BODEN IST SO STEINIG
DASS NUR SORGFALT BANNT DEN BLICK

ALLE SINNE SIND DANN OFFEN
OHREN NASE HAUT GESCHMACK
UND WENN SIE ERWACHT IM HIERSEIN
DANN WIRD KLAR AUCH DEINE SICHT

Berlin, den 6.2.2011

VOGEL

SPATZEN SIND WIE KLUGE BAUERN
SEHR ROBUST UND FEST AM ORT
STREITEN LAUTSTARK UM DIE HABE
FALLEN SELBST DEM MENSCH INS WORT

SCHWALBEN SIND DAGEGEN ADLIG
LOCKEN MENSCHENBLICKE AN
WECKEN SEHNSUCHT NACH DER FERNE
DASS MAN RICHTIG TRÄUMEN KANN

WENN SIE AUS DEM BLICK ENTSCHWUNDEN
SCHAUST DU ZIELLOS IN DAS BLAU
STREICHELST INNEN DEINE WUNDEN
BIS DER HIMMEL DIR WIRD GRAU

DOCH DA SCHWINGT SICH EINE NEUE
WIEDER VOR DEN AUGEN HOCH
UND DIE HOFFNUNG GREIFT DEIN SINNEN
WENN DU WILLST: DU KANNST ES AUCH

SO ENTSTEHT DER HANG ZUM REISEN
NEUES IN DER FERNE SEH'N
DOCH SO WIE DER SPATZ ZU HAUSE
WILLST AUCH DORT IM STREIT BESTEH'N

KEINER BIST DU VON DEN BEIDEN
AHMST JA EH NUR IMMER NACH
OB ZU HAUS ODER AUF REISEN
HÄLT DEIN VOGEL DICH IN SCHACH

Berlin, den 6.2.2011

WEINEN

WEINEN IST ZEICHEN
WEINEN IST DAMMBRUCH
WEINEN IST FLIESSEN
WEINEN IST SCHREI

PFLEG DIESE GABE
SOLANGE ES MÖGLICH
DASS NICHT SCHON IM LEBEN
DIE TRÄNEN VORBEI

DER ANLASS VERSCHIEBT SICH
ZUERST SIND ES WÜNSCHE
SPÄTER VERLUSTE
AM ÄRGSTEN DIE KRÄNKUNG

KENNT KEINE TRÄNE
MEHR EIGENEN SCHMERZ
HAT DIR DEIN GRAM
KANÄLE GESCHLOSSEN

DANN QUELLEN AUGEN
BEI RÜHRENDEM SCHICKSAL
UND STELLVERTRETEND
WIRD TOTES WASSER VERGOSSEN

15.2.2011

SINNE

SINNE FANGEN IMMER DAS
WAS DER MOMENT VERLANGT
WÄHLEN MESSEN DEUTEN SENDEN
JEDER AUF DEM EIG'NEN STRANG

WECHSELN OFT DIE HAUPTGEWICHTE
SCHIEBEN SICH DIE LASTEN ZU
UM AM ENDE ZU ENTSCHEIDEN
WER DEN SIEG VERBUCHT FÜR'S DU

ICH SEHE DIE SONNE
UND FÜHLE DIE WÄRME
ERLAUSCHE DIE VÖGEL
DARF RIECHEN DIE BLUMEN

GEMEINSAM ERTASTEN
DIE FÜHLENDEN HÄNDE
DEN LIEBENDEN MENSCHEN
MIT SEELE UND HERZ

WENN EINZELNER SINN
UNS NICHTS MEHR KANN SAGEN
KOMMT NUR NOCH DAS WUNDER
DES GANZEN ZUM TRAGEN

DIE SEELE DER ATEM
DAS HERZ FÜR DEN PULS
GEBORGENHEITSWÄRME
ERHÄLT UNS DEN SCHUTZ

IN DEM WIR GEDEIHEN
DIE ZUKUNFT ERSTÜRMEN
DEN ALLTAG BESTEHEN
DEM GESTERN NICHT ZÜRNEN

Berlin, den 16.2.2011

KREIS

WIR SIND ALS MANN UND FRAU GEBOREN
DA UNSER AUG NUR HALBES SIEHT
STEHEN WIR DANN RÜCK AN RÜCKEN
ERSCHLIESST DIE ZWEITE HÄLFTE SICH

IM NOTFALL IST DER RÜCKEN LEHNE
DOCH GIBT ER FREI DEN SCHRITT NACH VORN
DAS IST DER PARTNER DEN ICH SEHNE
VIELLEICHT WARD DER NOCH NICHT GEBOR'N

GANZ FESTGEBUNDEN WANDERN WIR
DEN ERSTEN TEIL DURCH UNSER SEIN
ES LIEGT DANN WIRKLICH NUR AN DIR
OB DU DICH KANNST VOM STRICK BEFREI'N

DANN SEHNT MAN SICH NACH EINER LEINE
UND GLAUBT DER PARTNER KÖNNT ES WERDEN
DOCH ERST DIE ZEIT MACHT WAHRES SICHTBAR
WIRD MANCHE HOFFNUNG SO VERDERBEN

EIN GROSSES GLÜCK AUF UNS'RER ERDE
SIND ZWEI DIE GANZ ALLEINE STEH'N
UND FREI BESTIMMEN IHRE RICHTUNG
IN DIE SIE KLAREN AUGES SEH'N

OB MANN OB FRAU NUR NICHT ALLEIN
WIRD DIR DER RUNDUMBLICK GELINGEN
DIE HÄLFTE REICHT DOCH EBEN NICHT
DAS LEBEN GLÜCKLICH ZU VERBRINGEN

Berlin, den 19.2.2011

ALL – TAG

DEIN OHR HÖRT DAS GRUMMELN
UND MANCHMAL DAS WIEHERN
FROH NÄHERST DU DICH
DEM SEHR TEUREN FREUND

DER BLICK UMSPIELT PRÜFEND
VOM SCHWEIF BIS ZUM KOPF
BIS AUGE IN AUGE
SICH HAT ANGEDOGGT

DIE NÄHE VERDRÄNGT
ALL STÖRENDES FREMDE
SEHR LIEBEVOLL STUBST DICH
SEIN SANFTWEICHES MAUL

DU STRIEGELST UND BÜRSTEST
UND STREICHELST UND KRAULST
BIS KRÄFTE SCHON SCHWINDEN
AUFS REITEN DU BAUST

GEZÄUMT UND GESATTELT
TRÄGT ER SEINEN REITER
VERTRAUT SEINER LAST
STAMPFT DURCH ALL GEÄST

SIE WIRD IHN BESCHÜTZEN
VOR FREMDER GEFAHR
DENN ER SITZT DA OBEN
NIMMT FERNES SCHON WAHR

EIN GLÜCKSFALL FÜR BEIDE
SICH FELSENFEST TRAUN
DIE FREUDE AUF MORGEN
KANN BEIDE ERBAU'N

Berlin, den 19.2.2011

DU – O

DA BIN ICH BEI
DAS MEINT AUCH MICH
MEIN GEGENÜBER MITEINANDER
KANN SPIELEND
EIG'NE WIRKUNG SEHN'N
WIE ES BEIM DU
UND ICH KANN GEH'N

DUAL SIND NUR DIE SCHIENENSTRÄNGE
DUETT WIRD'S BEIM GESANG GENANNT
UND DUO WIRD NUR DANN EMPFUNDEN
WENN EINZELNER BEHÄLT DEN STAND

DAS STAUNEN TRIFFT DIE EIG'NEN WÜNSCHE
EIN HEIMLICH ANGESTREBTES ZIEL
DIE SEHNSUCHT SICH DRAUF EINZULASSEN
BESTIMMT DES UMGANGS EIGNEN STIL

WENN ÜBERRASCHUNG ES BEGLEITET
DANN FEHLT BESTIMMT NICHT DIE SUBSTANZ
AUCH WENN DAS ICH UND DU MAL STREITET
BEHÄLT SOLCH DUO SEINEN GLANZ

O LASS MICH SO EIN DU MAL FINDEN
DASS NIEMALS ALLTAG FÜLLT MEIN SEIN
UM MEINE SEELE ZU ERGRÜNDEN
STELL ICH MICH GERN AUFS DUO EIN

SCHMERZ

SCHMERZ DER MAHNER
SCHMERZ DAS LEBEN
SCHMERZ DIE HOFFNUNG
SCHMERZ DIE PEIN
SCHMERZ DIE SORGE
SCHMERZ DIE SEHNSUCHT
LÄD ZUM HANDELN
ER DICH EIN

MAHNT DIE LASTEN ZU VERTEILEN
SORGSAM MIT DIR UMZUGEH'N
AUCH MAL RUHEND ZU VERWEILEN
UND DEM KÖRPER ZUZUSEH'N

LEBST DU KANNST DU IHN EMPFINDEN
MANCHER FÜGT IHN SELBST SICH ZU
UM DEM KÖRPER ZU VERKÜNDEN
NOCH GEHÖRST DEM LEBEN DU

HOFFEND DU DIE ZEIT VERBRINGST
DASS ER SCHWINDEN MÖGE
LEBST DER ZUKUNFT ZUGEWANDT
DASS DAS ISTSEIN BALD VERGEHE

PEINIGEND STIEHLT ER DAS LEBEN
NICHTS DU FREUDVOLL LEBEN KANNST
WÜNSCHT IHN FORT VON GANZER SEELE
SOLL INS ÄON SEIN VERBANNT

SORGT DER SCHMERZ DICH IM VORAUS
DASS ER'S HANDELN DIR BESCHRÄNKE
SCHLÄGST DU MANCHES SCHÖNE AUS
HEMMT DICH EIGENES BEDENKEN

S E H N S U C H T KANN AUCH SCHMERZVOLL SEIN
GRÄMT SIE ZWAR NUR DEINE SEELE
DOCH SIE RAUBT DIE FARBENPRACHT
STETS ALS DÜSTERER GESELLE

ÄLTER WERDEN HEISST ERTRAGEN
LEBEN MIT MANCH GROSSER LAST
DOCH AUCH LISTIG ZU BESIEGEN
FROHSINN MANCHEN SCHMERZ VERPASST

Berlin, d. 01.03.2011

GEBURTSTAG

GEBURTSTAG STETS HERBEIGESEHNT
ERST DER SCHMERZ DANN RIESENFREUDE
WIRD AB DA DAS SEIN GEZÄHLT
JEDES MORGEN WIRD ZUM HEUTE

BIST DU KLEIN ZEIGST DU DIE FINGER
SPÄTER ANTWORTEST DU STOLZ
WIEVIEL JAHRE SCHON VERGANGEN
UND DASS DU WIRST AUCH BALD GROSS

NACH DER SCHULZEIT KIPPT DIE WIPPE
WIE DIE ZEIT VERGEHT NUN UM
SIE VERDRÜCKT SICH SCHNELL UND SCHNELLER
JUGEND GEHT ZU RASCH HERUM

FEIERN MIT DEN WEGGEFÄHRTEN
LAUTE FESTE FROHES SPIEL
SOLL DER GANZEN WELT JETZT ZEIGEN
DASS DU ENDLICH BIST AM ZIEL

IMMER LEISER WIRD GESTALTET
JEDES SCHNELL VERGANG'NE JAHR
UND DER BLICK NACH RÜCKWÄRTS GLEITET
WIE ES FRÜHER EINMAL WAR

RUHM UND EHRE KÖRPERSTÄRKE
WEICHEN IN DEN HINTERGRUND
WEHMUT DEINEN BLICK BEGLEITET
WER SCHON FORT VOM ERDENRUND

DOCH DANN MUSS DER STOLZ OBSIEGEN
DASS DU NOCH AKTIV DABEI
UND GEBURTSTAG SCHAFFT DEN FROHSINN
ÜBER WELTENS NARRETEI

Berlin, den 03.03.2011 für Bernadette Offermann im fernen Harrysmith

ALL ERGIE
EN ERGIE

Dem PFERDEHAAREMPFINDLICHEN gewidmet

Das Fremde, das ich störend weiß,
doch so nicht nennen darf
wird schleichen sich in meinen Leib
und schaffen Ungemach.

Man nennt es so: *die Allergie*.
Weil Kräfte sich verschwenden.
Im dunklen ungenannten Kampf
Rivalen BEIDE enden.

Warum nicht laut in Sprache binden,
was meine Sehnsucht mir zerstört,
dann könnte neues Ziel sich finden,
das dann auch mir allein gehört.

Das Teilen ist des Pudels Kern,
das nicht in meinem Sinne,
müsst mich, 'ner Mühe unterzieh'n –
dann braucht ich keine Allergien.

Berlin, den 21.05.2011

PERFEKT

PERFEKT ZU WERDEN – GEWÜNSCHTES ZIEL
DER ELTERN FÜR DIE KINDER
SO STRENGEN SIE SICH MÄCHTIG AN –
VERSAGEN ZU VERHINDERN

JE MEHR SIE SICH DARUM BEMÜH'N,
SO STARRER WERDEN FORMEN
DEN KINDERN DANN NUR SCHWER GELINGT
DIE GEGENWART ZU ORDNEN
 .
DENN PERFEKT IST VERGANGENHEIT
WAR GESTERN WIRKLICH GÜLTIG
DOCH HEUTE IST DAS NEUE SEIN
DIE ANPASSUNG WIRD NÖTIG

ERHALT DER WERTE AUCH FÜR´S ICH
NICHT NUR DER ELTERNREGELN
DANN WIRD DEIN EIGEN ANGESICHT
FROH IN DIE ZUKUNFT SEGELN

R I S I K O !!!!! WIND? = LEBEN

BERLIN, DEN 21.5.2011

CHAOS

DIE BEWEGUNG DES WASSERS IST NICHT ZU ERRATEN
ES SCHEINT WIE NE WELLE UND IST DOCH VIEL MEHR
DENN TAUCHT EINE SCHWALBE NUR KURZ IN DEN SEE EIN
VERÄNDERT SIE ALLE TEILE IM NU

DIE ENTE MIT IHREN ACHT KLEINEN JUNGEN
SCHWIMMT KREUZ UND QUER IM WOHLIGEN NASS
SIE ZIEH'N IHRE KREISE WIE UNTEN DIE FISCHE
UND FÜHLEN DABEI NUR DEN EIGENEN SPASS

DIE ZELLE ERINNERT DER FRÜHEREN LEBEN
DURCH DIE SIE GEWANDERT IM WERDENDEN SEIN
ALS SIE AUF DEM WEGE ZUM ZIEL SICH BEWEGTE
UND VORWÄRTS M U S S T E - WIE DEM LEBEN UREIG'N

SO RUFT DIESES SCHAUKELN ZUM PASSIVGENIESSEN
ES TREIBT DICH ---- DEN SINNEN VIEL STÄRKER ZU TRAU'N
DAS CHAOS BRINGT ORDNUNG IN DEINE SEELE
SO KANNST AUCH DU WIEDER DEM LANDE VERTRAU'N

Berlin, den 21.6.2011

SORGE UM

SORGE UM GELIEBTE WESEN –
WIRD GANZ KLEIN, WENN RUHIG SCHLAF
SICH DURCH LEISES SCHNARCHEN KÜNDET
NIX UND NIEMAND HAT MEHR MACHT

NUR DER HERRGOTT KÖNNTE STÖREN –
DIESES WOHLVERDIENTE RUH'N
UND MIT GROSSER LUST UND LAUNE –
WENDEST DU DIR SELBST DICH ZU

ABER DU A L L E I N WARST FRÜHER –
JETZT BIST DU NUR IM DUETT
UND AUCH WENN DER EINE RUHET –
WACHST DU STETS AN SEINEM BETT

ABER SELBST IST ER GEHINDERT –
SCHADEN SICH MEHR ANZUTUN
D A S ALLEIN IST DEINE LABSAL –
DRUM IST DEIN GENUSS – SEIN RUH'N

Berlin, den 21. 6. 2011

LOT

WEHE WENN GEDANKENFADEN
KOMMT VORBEI AN DEINER SEELE
HEBT' DAS WEHR, DAS KUMMER STAUTE
UND INS AUGE SCHIESST DIE TRÄNE

ÜBERRASCHT, WAS DA GEÖFFNET
FLIEHEST DU SCHNELL DIESEN ORT
MÖCHTEST NICHT VON HERME TRINKEN
WILLST VERSCHWINDEN DANN SOFORT

DOCH GEDANKEN SIND SEHR EIGEN
LASSEN SICH ZWAR MAL BETÖR´N
ABER SCHNELL IN EINER PAUSE
SIE ZUM BRODELNDEN SICH KEHR´N

GRABEN, BOHREN, WÄLZEN UM,
WO SCHON NICHTS MEHR IST ZU PFLÜGEN
KEHREN TIEFSTES DANN NACH OBEN
BIS DIE TRÄNEN WIEDER SIEGEN

DANK GEBIERT DEM LANGEN FADEN
TIPPTE ER DOCH LEBEN AN
LASS MICH NICHT MEHR SO ERSCHRECKEN
GENIESSE JETZT GEBROCH´NEN DAMM

Berlin, den 17.7.2011

NUR IRRTUM?

NIEMAND HAT ZWEI LINKE FÜSSE
ABER MIR SO WAS PASSIERT
LINKE FÜSSE KENNT EIN JEDER
OB MEIN GESICHT DAZU VERFÜHRT?

GEBOGEN IST ZWAR MEINE NASE
DOCH KEIN SCHIELEBLICK
AUCH DER MUND IST IN DER MITTE
UND DER KOPF AUF DEM GENICK

SCHAU ICH DENN SO BLÖDE AUS
DASS SELBST KLEINER GAUNER
MICH GANZ OFFEN SO BESCHUBST
UND DANN DENKT - ICH MERKE NIX

IST ER DANN DRAUF ANGESPROCHEN
LACHT ER FRÖHLICH VOR SICH HIN
DENN ER HAT DOCH NICHTS VERBROCHEN
WAR NUR NICHT SO WACH IM SINN

SO MUSS ICH UM WAHRES KÄMPFEN
DASS ICH G'RAD GEWACHSEN BIN
WEDER LINKE HÄNDE HABE
NOCH SIND LINKE FÜSSE DRIN

Berlin, den 24.7.2011

ZEIT-FÜR ÄLTERE

WIE ZEIT VERGEHT; IST IMMER GLEICH
DOCH FÜHLST DU 1000 MAL VERSCHIEDEN
SIEHST DU DEN MEDIZINVERBLEIB
WIRD TRÜBSAL DIR DADURCH BESCHIEDEN

SCHON WIEDER SO VIEL LEBEN WEG
DER ALLTAG ZIEHT DICH EINFACH FORT
AUCH EINE KUCKUCKSUHR ENTDECKT
WIE ZEIT VERRENNT VERBRAUCHT RESSORT

DU MUSST DAS SENKBLEI STÄNDIG ZIEHEN
UM IHREN FORTGANG ZU GEWÄHR'N
DICH UM DIE NEUE STUND' BEMÜHEN
SONST WIRD SIE KEINE FREUD BESCHER'N

DOCH WIR VON UNS VERLANGEN'S IMMER
DASS ALLES WIE GESCHMIERT VERLÄUFT
OB FREUDEN SCHMERZEN HOFFNUNG KUMMER
WIRD KEINE MÜH' SO SEHR GESCHEUT

ALS DIE ---- DIE ZEIT NUR TOTZUSCHLAGEN
WAS JA NUR EINHALT SCHAFFEN KANN
IM EILIGEN SO VORWÄRTSJAGEN
DIE ZEIT, DIE ZEIT, DIE FÜHLST DU DANN

Berlin, den 30.7.2011

IM FLIEGER 11.15 UHR

GLEISSENDES WEISS VON SAMTFLAUSCHIGEN WOLKEN
VON SCHMALEN KRUMSTRICHEN MANCHMAL GESTÖRT
DER HIMMEL ENTSCHWINDET IM LICHTENEN GRAU
UND WIRD RICHTUNG" OBEN" ERST DANN ZU DEM BLAU

DAS RAUSCHEN LENKT SINNE IN IRDISCHES SEIN
BEI ALLEM SCHWÄRMEN SCHLEICHT DANKBARKEIT EIN
DENN OHNE DIE GABE, DEN GEIST ZU GEBRAUCHEN
MÜSSTEN WIR HEUTE NOCH REITEN, SCHWIMMEN UND LAUFEN

ES BLEIBT JA ERHALTEN DIE URALTE KRAFT
MIT MUSKELN UND TIEREN DEN ALLTAG VERBRACHT
DOCH IST DURCH DAS WISSEN DER HIMMEL ZWAR NÄHER
DOCH DIE KÄLTE DA DRAUSSEN WIRD UNTEN NOCH GRÖSSER

HIER OBEN SCHÜTZT UNS DER FLIEGER DEN KÖRPER
DA UNTEN SIND SEELEN IM EISE ERFRORN
WER KANN DENN DIE SCHWINGEN FÜR HERZEN ERFINDEN
DEN MENSCHEN BEKANNT SEITDEM SIE GEBOR'N

DEM TRAUM KANN DIE LIEBE DIE FLÜGEL ERFINDEN
IN HOFFNUNG TRAGEN SIE DICH ZU DEM ZIEL
DAZU BRAUCHT ES HERZEN IM MENSCHLICHEN KÖRPER
SOLANGE ES MENSCH GIBT --- IST DAS SCHON DAS SPIEL

12.10.2011 über den Alpen

11.30 UHR IM FLIEGER

DAS EIGENE SEIN WIRD UNBEDEUTSAM
SCHAUST DU HINAB AUS GROSSER HÖH
NICHT DIE FREIHEIT ÖFFNET SICH
NEIN DIE SCHRANKEN KLAR ENTSTEHN

ALLMACHT TRIFFT DIE OHNMACHT PUR
DENN WIR HINKEN KRIECHEN RUTSCHEN
UNS ENTLANG DER SEIENSSPUR
JEDER BERG; EIN FLUSS DIE AUEN
MÜSSEN UNS GEWOGEN SEIN
WOLLEN WIR NATUR NUR SCHAUEN
UND AUCH NUR AM LEBEN BLEIBN

GANZ ZU SCHWEIGEN VON DEN MEEREN
WINDEN STÜRMEN UND VULKANEN
UND VOR ALLEM VON DEN FOLGEN
DIE DURCH UNSER WISSEN KAMEN

LEISE FLÜSTER ICH EIN AMEN
AUCH WENN DIE RICHTUNG OFFEN IST
LIEBE WELT HAB EIN ERBARMEN
GIB DEN MENSCHEN NOCH NE FRIST

Über dem Mittelmeer 12.10.2011

ABEND IN BARCELONA

DU KOMMST IN EINE FREMDE STADT
KENNST KEINEN MENSCHEN – NICHT DIE SPRACHE
DAS AUGE SUCHT NACH MÖGLICHKEITEN
SICH DENNOCH SCHNELL ZURECHTZUFINDEN

DEIN FRAGEN WIRD AUCH NICHT VERSTANDEN
ZWAR WOLLEN ALLE FREUNDLICH SEIN
DOCH WISSEN SIE OFT KEINE ANTWORT
STEHST MIT DER SUCHE DOCH ALLEIN

IST ES NUN GEIZ ODER DOCH EHR-GEIZ
SICH ALLES SELBST SO ZU EROBERN
DIE RIESENKRAFT, DIE DAZU NÖTIG
LÖST DICH ALS DANK SCHNELL AUS DEM ALLTAG

ERHOLUNG STELLT SICH TROTZDEM EIN
NUR RÜCKEN, BEINE, HÜFTEN SCHMERZEN
DU LÄSST DICH TREIBEN OHNE PFLICHT
GESTRESSTES HERZ SIEHT WIEDER LICHT

WAS ERST SO SCHWER – IST HEUTE LEICHT
JETZT WIRD ES ZUM VERGNÜGEN
DAS STEHT AUCH SCHON DER RÜCKFLUG AN
DIE PFLICHTEN WIEDER SIEGEN

WENN SEHNSUCHT SCHON ZUR WIEDERKEHR
DEIN SEIN BEIM ABSCHIED STREIFT
DANN WAR DIE REISE EIN GEWINN
AUCH WENN NUR NOCH ERINN'RUNG BLEIBT

Barcelona 17.10.2011

WUNSCH

WILLST DU AUF EIGENEN FÜSSEN STEHEN
MUSST DU ERST NACH DEM UNTERGRUND SEHEN
TRÄGT ER DEIN HOFFEN, DEIN STREBEN; DAS SEIN
KÖNNTE DAS HELFEN ALS SICHERNDER STEIN

DOCH KANTEN UND ECKEN MIT GRÜNEM BEWUCHS
BILDEN GEFAHREN WIE MENSCHENBETRUG
JEDER SUCHT DEN STÜTZENDEN HALT
ERGREIFT DESSEN SCHULTERN, UMSCHLINGT SEINEN HALS

BEACHTET DABEI ZU SELTEN DEN GRUND
DER JENEN GEFÄHRDET AM TOSENDEN SCHLUND
STEHEN NUN BEIDE AUF SCHWANKENDEM FUSS
SIND SIE DIE BOJE IM ZIEHENDEN FLUSS

SO KÖNNTEN SIE TROTZEN SO MANCHER GEFAHR
WENN NICHTS UND NIEMAND BEDRÄNGT DIESES PAAR
WILLST DU AUF EIGENEN FÜSSEN STEHEN
MUSST DU NACH DES ANDEREN UNTERGRUND SEHEN

Berlin, den 21.11.2011

SCHADE

EINST ERWÄHLTE MAN FÜRS LEBEN
DEN BERUF NACH HERZENSWUNSCH
SICH DARINNEN ZU BEWÄHREN
WAR DURCHS BRENNEN KEINE KUNST

DOCH FLIEHT WIE SCHON BEIM ARZT UND LEHRER
DAS BERUFEN SEIN DAZU
WIRD NUR NOCH MAMMON ANGEBETET
ZERBRICHT VERTRAUEN AUCH IM NU

DIE HOFFNUNG GREIFT NACH SCHWACHEM HALM
WIRD JUGEND SICH DARAUF BESINNEN
DASS NUR SEELEN KANN GELINGEN
DIE ARZT UND LEHRER AUCH BEDINGEN

KÖRPER, GEIST UND SEELE HOFFEN
DASS VON "OBEN" JEMAND HILFT
DOCH WENN WIR UNS SELBST QUER LEGEN
IST DAS CHAOS SCHON VERBRIEFT

Berlin, den 4. 12. 2011

A -- PATHIE

JETZT WEISS ICH WAS DAS WORT ERZÄHLT
NIEMAND KANN BEGREIFEN
DER DEN ZUSTAND NICHT ERLEBT
DEN NOCH GEFÜHLE STREIFEN

GRAUSIG KALT ENTSETZLICH FREMD
ERLEBST DU ALL GESCHEHEN
NICHTS SICH IN DEIN HERZ VERRENNT
NICHT MAL SCHWACHES SEHNEN

WAS WIRD GRUND GENUG EINST SEIN
NACH DEM A ZU FORSCHEN
UM ZU HAUCHEN ATEM EIN
WO FEUER WAR ERLOSCHEN

JETZT WO ZEIT UND RAUM GEGEBEN
KAMPF UM ALLTAG NICHT MEHR PFLICHT
WILLST DU IM GEFÜHLE SCHWELGEN
NUN DER SINN DAFÜR ZERBRICHT

GOTTES ZORN HOHN ODER SPOTT
MENSCH MACHTS SICH NICHT SELBER
ZEIG WIE NUR FÜR MICH ERWACHT
EIN GEFÜHLESPENDER

MIT TIEREN FUNKTIONIERTS JA NOCH
EMPATHIE MIT KLASSE
UND BEI KRANKEN MENSCHEN AUCH
HAB ICHS FÜR MICH VERMASSELT?

Berlin, den 3. 1. 2012

LEIDER

WIRD DEINE NEUGIER ERST ERREGT
SICH DER WISSENSDURST BEWEGT
SCHLÄGST DIE TÜREN EINZELN AUF
ÖFFNET SICH DER NEUE RAUM

NUN FÄNGT ERST DIE ARBEIT AN
WAS WILLST DU GEZIELT ANSTREBEN
UND VOR ALLEM WIRD DAS WIE
JETZT DEIN PROBLEM FÜRS INNENLEBEN

HAT DIE MÜHE WIRKLICH LOHN
IN DEN EIGNEN ZUKUNFTSTAGEN
WIRD DAS NEUE AUCH ZUM LEBEN
ZU NEUEN UFERN DICH EINST TRAGEN

JA DIE AUSWAHL MUSS VORAN
WEIL DIE LEBENSZEIT BEMESSEN
SPREU VOM WEIZEN STRIKT ZU TRENNEN
HEISST – NICHTBEDEUTSAMES VERGESSEN

WER AUS DEINER WELT VERSINKT
WAS VERLIERT SO AN BEDEUTUNG
WO MUSST DU DEN TRENNSTRICH SETZEN
WIE DAS GLEICHGEWICHT ERKUNDEN

WARUM WILLST DU ALLES HABEN
OHNE NACH WOZU ZU FRAGEN
WESHALB IRRST DU SO HERUM
WIESO WIRD NEUGIER NIEMALS STUMM

DIESES PUZZLE ZU BEZWINGEN
IST EIN MÜHEVOLLER WEG
IMMER NEUE DENKANSTÖSSE
DEINE ICHFORM STETS BESEELT

TROTZDEM MUSST DU STRUKTURIEREN
DEINEN REST NOCH LEBENSZEIT
SONST BEZWINGT DIE PHYSIS ALLES
UND KEIN GEISTES GLÜCK VERBLEIBT

Berlin, den 1. 2. 2012

WARUM

DIE NEUGIER AUFS REITEN IST GUT ZU VERSTEHEN
MAN MÖCHTE DIE WELT AUCH VOM RÜCKEN AUS SEHEN
DABEI MIT DEM TIER ZU EINEM VERSCHMELZEN
DEM WIND UND DEM REGEN – UNBILL ZU TROTZEN

FÜR MANCHEN IST ES IN DIE WIEGE GELEGT
SIE WERDEN IN PFERDEFAMILIEN GEBOREN
DESHALB IST DIE LEISTUNG DAS ERSTE GEBOT
ZU ERNSTHAFTEM SPORT SIE SIND AUSERKOREN

DAS PFERD WIRD ZUM MITTEL – DEN RUHM ZU ERWERBEN
BEWUNDERT ZU WERDEN OB SO TOLLER KUNST
ES SO ZU BEZWINGEN – DASS TANZEND UND SPRINGEND
ES SCHEINBAR VON SICH AUS NATUR SO VERHUNZT

ANDERE VERZAUBERT DAS PFERD DURCH SEIN WESEN
SO MÄCHTIG UND STARK UND FREUNDLICH ZUGLEICH
WER EINMAL DAS TIER BEOBACHTET GRASEND
DER MÖCHTE IHM NÄHER UND NÄHER BALD SEIN

DIE SEHNSUCHT – SIE TREIBT IHN – DEN UMGANG ZU LERNEN
VON UNTEN UND OBEN IHM GUTES ZU TUN
ES BLEIBT NICHT BEIM FÜTTERN UND PUTZEN UND STREICHELN
DAS PFERD WILL AUCH WIRKLICH SPORTLICHES TUN

DENN FERN VON DER HERDE BEDARF ES DES REITERS
UM KÖRPER UND SEELE FIT ZU ERHALTEN
IN DESSEN VERANTWORTUNG LIEGT DAS GEDEIHEN
ER IST GEFORDERT – DAS SEIN ZU GESTALTEN

ICH FÜHL MICH EINZIG DESSEN WOHLGEFÜHL PFLICHTIG
DESHALB REITE ICH TAG FÜR TAG
AUCH WENN MANCHER MORGEN MIT STÖHNEN BEGONNEN
NACH UNSRER BEGEGNUNG HABEN BEIDE GEWONNEN

DIE DRITTEN SIND DIE - DIE WOLLEN DIE MACHT
SIE KÖNNTEN ALLEN BEWEISEN -DASS SIE NOCH STÄRKER ALS EIN
DOCH NUR DER GUTMENSCH PFERD LÄSST ZU
DASS SIE IN SOLCHEM IRRTUM KÖNNEN VERWEILEN

DIE VIERTEN GAR GENÜGT SCHON ALLEIN DER BESITZ
SIE NENNEN EIN PFERD GANZ IHR EIGEN
UND MEINEN VOM EDLEN WAS ABZUBEKOMMEN
WAS NUR KÖNNEN PFERDE VERTEILEN

DREIHUNDERT SECHZIG GRAD HAT DER KREIS
UND EBEN SO VIELE MOTIVE
ERFINDET DAS LEBEN – ALS GRUND –WAS ZU TUN
FÜRS REITEN NUR VIER ICH BESCHRIEBEN

FÜR MANCHE EIN TRAUM AUS DER KINDERZEIT
DEN ANDERN ERSATZ FÜR DEN NACHWUCHS
UND EINIGE WOLLEN ES AUSPROBIEREN
WAS IHNEN NOCH FEHLT AN SONDERALLÜREN

DRUM SEI BITTE GLÜCKLICH MIT DEINEM PFERD
OB SCHUL – BETEILIGUNG – EIGNER
IN JEDEM FALLE ES FÜHLEN BESCHERT
OB SCHRECK – ANGST – STOLZ UND SO WEITER

Berlin, den 24. 2. 2012

EN PASSANT
LEIHGABE

NIMM DAS MARMOREI ZUR HAND – FÜHR ES AN DIE STIRN
NICHT ZUM BRÜTEN ES GEDACHT – KÜHLT DIR AB DAS HIRN

DREI JAHRZEHNTE IST ES HER – DASS ICH SOLCH STEIN GEFÜHLT
ALLE WANDERN WIR DURCHS TAL – WO DIE KÜHLE FEHLT

BRAUCHTEN FRÜHER WIR DIE WÄRME – UM LEBEN ZU GEBÄRN
IST ES NUN DER KLARE GEIST – DEN NIEMAND SOLLT MEHR STÖRN

ANDRE ZIELE TUN SICH AUF – KREUZEN UNSERN WEG
UND MIT GROSSEM ZUKUNFTSMUT – BILDET SICH EIN STEG

AUS DER DRITTEN LEBENSPHASE – SPRICH ERWACHSENSEIN
STEIGST DU NUN INS VIERTE LEBEN – SO DAUERHAFT WIE STEIN

NUR DEM SOMA DU GEBIETEST – NICHT DEM SEELENSCHMERZ
DAFÜR KANN ICH NICHTS VERLEIHEN – POLTERN SOLL DAS HERZ

WÜNSCHE DIR VIEL RAUHE STÜRME – WOGEN, WELLEN, WIND
WIRD DAFÜR DEIN ICH BEREIT SEIN – DEN GIPFEL DU ERKLIMMST

Berlin, den 24.3.2012 eine Frau an eine andere Frau

ORBITAL

WARUM RUFT DENN JEDER "OH MEIN GOTT"
KEINER SAGT D E I N ODER E U E R
DAS EIGEN BESITZEN IN FREUD ODER NOT
IST SCHEINBAR JEDEM DOCH TEUER

ICH HABE ES IN VIELEN LÄNDERN GEHÖRT
IN GANZ VERSCHIEDENEN SPRACHEN
ENORMES ERSTAUNEN IN EINEM MOMENT
VERURSACHT NUR SELTEN EIN LACHEN

ES IST LAUTER RUF NACH BESSER VERSTEHEN
DER WIRKLICHKEIT --- DIE WIR ERLEBEN
VERTRAUEND AUF IHN --- ERREICHT UNS DER KLANG
DANACH WIR ERKENNTNIS ANSTREBEN

Berlin, den 5.4.2012

Geheimnis

Körpersprache kann dich rufen - Körpersprache schreit
Hilfe, Hilfe – sieh und hilf!
Doch es ist sehr wichtig – ob das Draußen sehen will
Nicht gar wird dann flüchtig
Wenn zu arg der Ruf missbraucht
Stumpfen ab die Sinne
Und man wendet sich schnell weg
Flüchtet wortlos Stimme

Vor---RAT ist unmöglich   Vorsicht auch nicht drin
VOR---rat ist unmöglich   VORRAT haben schon
VOR---SICHT nur gedanklich   VORSICHT fühlen schön

HALLODRI---EDLER---BLENDER-
--ALLE AUS EINER MUTTER GEBOREN
WELCHER MAG IHR EBENSEEL SEIN
– WELCHER HAT DAS GEHEIME ERKOREN

SICHER IST, DASS ALLES IN JEDEM,
NUR EINE SEITE DAS DASEIN BESTIMMT
SUCHT NUN DIE MUTTER, DER VATER, DER SOHN –
WOHER DIESES WESEN GESCHRIEBEN,
KANN KEINER DIE EINZIGE ANTWORT SEIN –
GEPRÄGT SIND SIE SO DURCH IHR LEBEN

Berlin, April 2012

ES IST SO!

JUGEND BRAUCHT GEDULD
STRUKTUREN NOCH VERFORMBAR
ALTER KLAREN WILLEN
WEIL WESEN LANG ERPROBT WAR

TREFFEN ÄLTRE AUFEINANDER
KANN FUNKENFLUG ENTSTEHEN
WEIL JEDER SEINE ERFAHRUNG
ALS EINZIG ANGESEHEN

DA HELFEN NUR BEREICHE
EINANDER ZUGESTANDEN
SPEZIELLES KÖNNEN NUTZEN,
VERTRAUEN ABVERLANGEN

Berlin, den 11. 4. 2012

Kurzgedanke

DAS VERHÄLTNIS DER STURHEIT ZUM ALTER
IST GLEICH BEI MENSCH UND TIER
ERFAHRUNG BESTIMMT DAS VERHARREN
SONST WÄREN WIR ALLE NICHT HIER

Berlin, den 11. 4. 2012

VERSUCHUNG--: FLUCH DES WOHLSTANDS

PLÖTZLICH FÜHLST DU DEINEN MAGEN
ETWAS ESSEN WÄR JETZT TOLL
DOCH SCHON SCHIEBT SICH EINE WAAGE
VOR DEIN AUGE ZOLL FÜR ZOLL

SO MUSST DU DICH NUN ECHT ENTSCHEIDEN
FRÖHNST DU LUST ODER VERNUNFT
UND WIE LANGE WIRD WER SIEGEN
BIS DU BEIDEN BIETEST GUNST

ERSTMAL MEIDEST DU DIE KÜCHE
SCHLEICHST DICH SCHNELL VOM KÜHLSCHRANK WEG
DOCH DA BLEIBT DA SOLCHE LEERE
SIE ERFÜLLT GAR KEINEN ZWECK

DEINE MIENE SICH VERDUNKELT
HORCHST GANZ TIEF IN DICH HINEIN
WOFÜR SOLL MAN DENN VERZICHTEN
WENN ICH JETZT KÖNNT GLÜCKLICH SEIN

Berlin, den 12.4.2012

HELFER

DU HILFST DEN PFLANZEN DURCH DEIN GIESSEN
FÜHRST ERDE WÄRME LICHT IHR ZU
NUR SO KANN SIE SICH VOLL ENTFALTEN
SCHAFFST FÜRS GEDEIHEN NÖTIG RUH

ALS LEHRER FÜGT SICH EIN DEIN WESEN
AUS DEM DAS WISSEN ÜBERFLIESST
IN JUNGE UNGEFORMTE LEBEN
DAS WERDENDE ERSTARKT ERSPRIESST

ENTDECKT DIE WELT DANN EINE KNOSPE
DIE KURZ VOR DEM ENTFALTEN STEHT
BIST DU ALS PRÄGER LÄNGST VERGESSEN
DIE ZEIT HAT DICH VORBEIGEWEHT

BEDENK STETS DIESER SCHWEREN PFLICHT
DIE BLEIBEND SPUREN HINTERLÄSST
OB ZUM GEDEIH ODER VERDERB
ES IST NICHT NUR EIN B R O T E R W E R B

Berlin, den 17.4.2012

LASS MICH

ÄLTERWERDEN HAT EINEN MOND
ER KREIST UNABDINGBAR UMS WESEN
DIE EIGENE SONNE GIBT IHM GESICHT
NUR DIESE WELT SOLL ER LESEN

ES DREHT SICH NICHT MEHR UM SICH HERUM
DER UMLAUF UMFLIEGT EIN STÖRRISCHES SEIN
DU KREUZT NOCH GANZ SELTEN DIE BAHNEN UMS ICH
DER ALTE WILL SEIN FÜR SICH GANZ ALLEIN

ER KLAGT ZWAR GANZ LAUT - SO HILF MIR DOCH MAL
DOCH IST JEDES ANDERE STÖREND
NUR WENNS DIR GENÜGT - AUCH STILLE ZU STEHN
WIRD ER SICH DEINER NICHT WEHREN

SO HILFLOS SCHAUST DU DEM ANHALTEN ZU
KANNST NICHT MIT LISTEN VERFÜHREN
ERSCHEINT OFT ALS RIESEN - AUSSENUNRUH
MUSS ALLE BEZIEHUNG ZERSTÖREN

IST ES DIE NATUR - DIE DAS GEHEN IM BLICK
WAS UNS'RE KULTUREN VERBIETEN
MIT OFFENHEIT BLEIBEN WÄR GRÖSSERES GLÜCK
AUCH OHNE W E G S T O S S U N G S R I T E N

Berlin, den 29.4.2012

ENTTARNUNG

WER MIT ZUNEHMENDEM ALTER IMMER HASTIGER EILT
BEKLAGT SEIN VERPASSTES LEBEN

WER MIT ZUNEHMENDEM ALTER IMMER LANGSAMER
GEHT DER MÖCHTE NOCH GERNE VERWEILEN

WER MIT ZUNEHMENDEM ALTER IMMER WEITER SO LEBT
ERAHNT NICHT MAL EIN MÖGLICHES H Ä T T E

Ne Uhr, die vorgeht – bringt mich früher – stiehlt Gegenwart
Ne Uhr, die nachgeht – bringt mich später – zementiert Vergangenheit
Ne Uhr, die steht, ist nutzlos---unnötiger Ballast
NUR
Die Sonnenuhr bleibt treu ------
WENN DU DICH NICHT IN DEN SCHATTEN STELLST

Berlin, den 29.4.2012

FISH-WATCHING ZUGABE ODER EXTRATOUR

IM RICHTIGEN WASSER
AM RICHTIGEN ORT
ZUR RICHTIGEN ZEIT
IST MANCHES UMSONST

SO WIE AUCH IM LEBEN
DURCH FUGUNG BESTIMMT
WAS DIR WIRD ZUR FREUDE
AUCH ÄRGER AUFGLIMMT

ICH MEINE SCHON FUGEN
PASST FEDER UND NUT
NUR SELTEN STIMMT ZEITPUNKT
DER LOCKT AUCH DAS BLUT

SO MUSSTE ICH DIESMAL
DIE KOSTEN SELBST TRAGEN
UND ALL MEINE LÜSTE
MIT RISIKO JAGEN

Reykjavik 12.05.2012 Vor Island - Vor Australien

SO ODER SO

WAS SIEHT DER EINE UND
WAS SIEHT DER ANDRE
DIE INFOS SIE SPRINGEN
DEN SUCHENDEN AN
ES HAT SCHON METHODE –
DIE WÜNSCHE ZU LOCKEN
SELBST WENN DIR DIE SPRACHE
AUCH FREMD IN DEM LAND

DU WIRST STETS GESTEUERT
VON DEINER SEELE
SUCHST DU DEN GLANZ
IN FREMDEM GESICHT
WENN DINGE DES DASEINS
DICH WENIG ERGÖTZEN
ENTDECKST DU IN
SCHÖNSTEN VITRINEN NICHT DICH

DOCH HAST DU SCHON ÜBUNG –
DICH FÜHREN ZU LASSEN
GEWÖHNT MAN SICH SCHNELL
AN FREMDEN BERICHT
WENN EIGENE NEUGIER
DEIN HANDELN MEHR STEUERT
DANN LEBST DU MIT STAUNEN
WIE SCHÄUMENDE GISCHT

SO KANN JEDER SICH
NUR SICH SELBST ÜBERLASSEN
WAS FÜR IHN ERBRINGT
DIE GRÖSSERE LUST
AUCH WENN DER ERKUNDER
DABEI KANN ERFAHREN
DASS FÜR SEINE ROUTE
HEUT FÄHRT GAR KEIN BUS

Reykjavik, 13.05.2012

WARNUNG

MAGMA LAVA FLÜSSIGGLUT
QUILLT AUS TIEFSTEM GRUND
BRICHT SICH WEG DURCH AUSBRUCHSSTELLE
ÖFFNET SICH DEN SCHLUND

SO MUSS LIEBE AUS DEM INNERN
FEUERBRÜNSTIG SEIN
UND BEIM AUF EIN LEBEN TREFFEN
SELBST ERWEICHEN STEIN

OB ZERSTÖREND ODER HEILSAM
IST NIEMALS VORBEKANNT
HEISSE QUELLE FÜR GESUNDHEIT
ODER BRENNEND LAND

DOCH ERKALTEN WERDEN ALLE
BILDEN EINST GESTEIN
OB DEN LEUTEN SIE DANN NÜTZLICH
STELLT SICH SPÄTER EIN

AUCH BEIM MENSCHEN KOMMT ES ANDERS
SIEDEND WIRD ERST WARM
UND JE LÄNGER HER DER AUSBRUCH
STELLT SICH EIN DER HARM

JUGEND MIT VULKANES STÄRKE
KEHRT NIE MEHR ZURÜCK
DRUM GENIESST SOLANG DAS FEUER
EH ZU STEIN MACHT DAS GESCHICK

Berlin, 22.5.2012 Rückkehr aus Reykjavik

UNENDLICHES EINZELNE

JEDER GRAD IN EINEM KREIS
STEHT FÜR TAUSENDE SEELEN
ALLEN GEMEINSAM DER MOMENT
DOCH NICHTS VEREINT DIESE LEBEN

WIRD DIR DIE VIELFALT ERST BEWUSST
SO FÜHLST DU GANZ BESCHEIDEN
DASS JEDEN ZWINGT SEIN EIGEN M U S S
IN FREUDEN UND IN LEIDEN

SO WICHTIG DIR DAS EIGENE SEIN
WENN SCHWER ES OFT ZU MEISTERN
DER WINDHAUCH STREICHELT DAS GESICHT
AUCH IN DEM FREMDEN ERDTEIL

DER EINE RINGT UM EINE KRUME
DER ANDERE SUHLT SICH IM GLÜCK
DER DRITTE ZANKT MIT ALL UND JEDEM
JEDER WILL DOCH NUR EIN STÜCK

KEIN WEISES WORT KANN JEMALS EINEN
WAS JEDEN GRAD VOM ANDERN TRENNT
NUR WISSEND SOLLTEN WIR ERKENNEN
DASS JEDES LEBEN NUR EINMAL BRENNT

Berlin, den 26.05.2012

"Wenn ich von früh bis spät arbeite, habe ich kein schlechtes Gewissen"

WER UND WAS VERMAG SO ZU VERBIEGEN
DASS DASEINSBERECHTIGUNG NUR IN DER PFLICHT
GEFRAGT WURDE NIEMAND – OB ER DA SEIN WOLLTE
UND WEGGEH'N DARF ER OBENDREIN NICHT

DEM EINEN DIE LAST DEM ANDEREN FREUDE
DER EINE VERMAG ES DER ANDERE NICHT
DOCH DARF DANN DER FROHE AUCH NICHT DARAN LEIDEN
DASS TRISTER SICH FÜRCHTET VOR EIGNEM GERICHT

VERGÄLLT IST NUN BEIDEN DER TAGESVERLAUF
DIE UNBESCHWERTHEIT ZIEHT MIT DEM PFLICHTIGEN FORT
DER ACKERER SCHAFFT AUCH NICHT, WAS ER HEUT TUN WOLLTE
DENN SEHNSUCHT NACH AUSRUH'N AUCH IN IHM RUMORT

NUR LÄSST SICH DER EINE VOM ANDERN ERPRESSEN
TANKT KEINER MEHR KRAFT FÜR DEN KÜNFTIGEN TAG
SO MUSS HALT NUN JEDER DIE ZEIT SO VERSCHLEISSEN
EIN HALBES ERLEBEN IST DANN DER ERTRAG

27.05.2012

**„Ruhe mit Würde, wer das erreicht,
hat des Lebens Gipfel erklommen;
ihm ist – da ihm der Alltag schweigt
ewiger Sonntag gekommen"
Otto Quante**

Diesen Spruch habe ich – seit dem ich die ersten Buchstaben lesend aneinanderreihen konnte – immer vor Augen gehabt. Mit dem Bild und ohne. Das Bild des alten Mannes, der am Gartenzaun auf einer grünen Wiese sitzend sein Pfeifehen raucht, ist über die vielen Jahre verfallen. Der Spruch als mein Ziel geblieben.
Ich bin angekommen.

KANN MAN SICH ENTSCHLIESSEN –
                              NICHT MEHR ZU WARTEN

KANN MAN SICH ENTSCHLIESSEN –
                              NICHT MEHR ZU HOFFEN

KANN MAN SICH ENTSCHLIESSEN –
                              NICHT MEHR ZU WEINEN

KANN MAN SICH ENTSCHLIESSEN –
                              NICHT MEHR ZU TRAUERN

JA – MAN KANN – DOCH WEISS MAN NICHT – OB ES SO WIRD!!!!

DER ENTSCHLUSS SOLL HELFEN
DER VERZWEIFLUNG ZU ENTFLIEHEN
DAS MORGEN ZU SUCHEN
DEM IST SICH ENTZIEHEN
DIE ZEIT ZU BETRÜGEN
WUNDEN NICHT LECKEN

WAS WIRD ERSETZEN DIE BRENNENDEN NARBEN
WOFÜR EIN GEFÜHL DER WIRKLICHKEIT HABEN
EIN KÜNSTLICHES LEBEN UMGIBT SOLCH EIN WESEN
DAS EINZIG NOCH MÖGLICHE, DAS IST ANZUSTREBEN

DAS WORT" KINDER" "ENKEL" MUSS MAN SCHNELL VERGESSEN
DENN DAS SIND DIE DOLCHE; DIE ES EINST BESESSEN
WIRD MAN EINST DEM TOD IM AUGE BEGEGNEN
HAT GNAD' MAN VERDIENT DURCH REDLICHES LEBEN

Berlin, den 28.5.2012   Pfingstmontag – vielleicht der Hl. Geist

NAMEN

WAS HATTEN ELTERN IN IHREM SINN
ALS SIE EINEN NAMEN GABEN
MANCHE FÜHREN DIE LINIE DER AHNEN
WOLLEN DIE STRASSE DER FORTDAUER BAHNEN

ANDERE TREIBT DIE SEHNSUCHT NACH FERNE
FREMD UND EXOTISCH SOLL HEISSEN DAS KIND
TRÄUMEN SICH SO IN HEIMLICHE WEHMUT
WIRKLICHKEIT TREIBT SIE DAVON WIE EIN WIND

DRITTE WOLLEN ES PRAKTISCH UND BIEDER
NENNEN IHR KIND WIE FRÜHER DEN BÄR
SPIELEN IHR LEBEN ALS GROSSES KIND WEITER
FRAGE DES KINDES DARF SEIN----IST DAS FAIR-

VORBILDER; IDOLE; HELDEN UND STARE
SIND FÜR MANCHE DIE ZÜNDENDE SCHNUR
SO SOLL ES WERDEN- ERFOLG FÜR SICH SCHAREN
SIE WOLLEN AUCH ALLES OPFERN DAFÜR

NOMEN EST OMEN KANN NUR DAVON KÜNDEN
WAS ELTERN BEWEGTE – ALS ES SICH EINFAND
UND WELCHER MOTOR SIE UNBEWUSST ANTRIEB
ALS IHR KONZEPT FÜR DEN AUFWUCHS ENTSTAND

Berlin. den 30.5.2012

WANDEL

IN UNSREN BREITEN HAKTE MAN
PROMINIERTE ARM IN ARM
UM ZU ZEIGEN, DASS VERSTRICKT
ZUGENEIGTSEIN OHNE SCHAM

ES HAT SICH ABER WAS VERÄNDERT
SCHAUST DU HEUTE WACH DICH UM
DANN SIEHT MAN MEIST DIE HÄND VERSCHLUNGEN
BUMMELN ZWEI UND TRÖDELN STUMM

REDEN SIEHST DU SELTEN MENSCHEN
ES SEI -- EIN HANDY STÖRT DIE RUH
VIEL MEHR FREIHEIT ZUM BEWEGEN
LÄSST DAS HÄNDELN ABER ZU

WAS KÖNNTE DAFÜR URSACH SEIN
DASS MAN SUCHT DIE KÖRPERWÄRME
DOCH VIELLEICHT DIE "TECHNIK-ZEIT"
DIE LIEBER SPRICHT NUR MIT ----DER FERNE ---

Berlin, den 31.5.2012

LIEBER ALPHA ODER OMEGA

BAUMKRONE STRAUCH BLUME UND HALM
ALLEN GEMEINSAM DIE SEHNSUCHT NACH LICHT
OHNE DIE SONNE GIBT ES KEIN GEDEIHEN
SO WIE FERN DER LIEBE DAS LEBEN ZERBRICHT

WENN PFLANZEN DES RAUMES ZU SEHR SIND BERAUBT
SO REKELN SIE SUCHEND SICH STETS STEIL NACH OBEN
FEHLT MENSCHEN DIE SEELISCHE NAHRUNG SEHR OFT
IST ZWERGWUCHS NICHT MAL ZU BREMSEN DURCH LOBEN

UM DAS ZU VERSTECKEN SIND SCHILLERND DIE FARBEN
WIE UNS DURCH DIE ORCHIDEEN WIRD KUND
UND TAUSEND FACETTEN DES MENSCHENGEBARENS
BEWEISEN DASS SEELEN SIND BLUTEND UND WUND

ICH WÜRDE SIE ARCHIDEEN BEZEICHNEN
WEIL SIE SIND ZEUGEN VOM URALTEN SEIN
DEM URWALD ZUM TROTZE SICH REICHLICH ENTFALTEN
UND KRAUTIGEM GRUND SO SCHÖNHEIT VERLEIHN

DEM MENSCHEN WÜNSCH ICH DIE ARCHE INS HERZ
DASS ER DIE VIELFALT IN SICH SO ENTDECKT
DANN FEHLENDE LIEBE ER HOFFEND ERSETZT
UND NEUGIERIG WACHSEND SEIN LEBEN ERKENNT

Berlin, den 6.6.2012

WUNDER

HOFFNUNG UND WUNSCH LASSEN DICH SCHREIBEN
DATEN AUF DIE EIER IM NEST
ALS DU BEMERKST, DASS GLUCKE WILL BRÜTEN
UND NEUES LEBEN SO REIFEN LÄSST

LANGE EINUNDZWANZIG TAGE
DAUERT DIESE ERSTE ZEIT
DIE DAS KÜKEN IN DER SCHALE
BIS ZUM ERDENHIERSEIN BLEIBT

PLÖTZLICH PIEPT ES UND ES ZAPPELT
UNTER GLUCKES FEDERKLEID
GELBE; WEISSE; SCHWARZE KÜKEN
HABEN DORT IHR'N ZEITVERTREIB

FRÖHLICH LUSTIG UNBESCHWERT
PICKEN SIE DIE ERSTEN KRUMEN
FLÜCHTEN UNTER MUTTERS LEIB
WENN ERSCHÖPFT DIE KLEINEN LUNGEN

SO HAST DU AM ZEUGNIS TEIL
VON DEM WUNDER DIESER SCHÖPFUNG
DASS NEUES LEBEN AUS DEM EI
MAHNT DICH ERNST ZUR HOHEN ACHTUNG

ALLER WISSENSCHAFT ZUM TRUTZ
KANN DAS NATUR ALLEINE
UND AUCH DER BESTIMMER SEIN
WELCHES EI ZUM KÜKEN EIGNE

Berlin, den 10.6.2012 ein Tag nach solch einem Wunder

VORSCHLAG

DOSIER STETS DAS --- WAS KOMMT ALLEIN
ARBEIT – PLAGE – MÜHE
VERSCHWENDE DEINE ZEIT DAFÜR
WAS DIR KANN L U S T UND F R E U D E SEIN

GELINGT DIR SO DAS G L E I C H G E W I C H T
WIRD KAUM NOCH TRÜBSAL FINDEN DICH
DER FROHSINN PRÄGT DANN DEIN GEMÜT
DENN ARBEIT AUCH MIT LÄCHELN GEHT

Berlin, den 20.6.2012

SO GEHT ES AUCH

SEHR JUNGE MUTTER LÄSST GEWÄHREN
BEDENKT SEHR SELTEN – WAS KÖNNT SEIN
DIE ÄLTERE IST OFT ZU ÄNGSTLICH
LÄSST SICH AUF MANCHEN HANDEL EIN

ALS ICH VON EINER EINMAL HÖRTE
ZITAT: "ich will es mir nicht antun, mich um dich sorgen zu müssen"
ERKANNTE ICH DAS LICHT IN IHR
DAS EIG'NE SEIN AUCH HOCH ZU WERTEN
UND BEIDE ZAHL'N DEN PREIS DAFÜR

SOZIALES WIRD DANN NEU GEBOREN
WENN ZWEI SICH GEGENÜBER STEHEN
JEDER SEINEN WUNSCH SO ABWÄGT
DASS SIE NOCH KÖNNTEN ZUKUNFT SEHEN

OPTIMIERUNG IST DIE LÖSUNG
LISTIG MUSS DER MUTTERSINN
OFT NACH EINEM AUSWEG SUCHEN
UM ZU LENKEN GELIEBTES KIND

Berlin, den 20.6.2012

Affe, Pferd, Kompass, Rosenkranz

1 Der Affe reitet
Vom Kompass geleitet
Mit Gottesvertrauen
Auf Pferdchen durch Auen

2 Er blickt in die Runde
Genießt jede Stunde
Lässt baumeln die Seele
Und zeigt seine Zähne

3 Was fehlt ihm zum Glücke
Wenn er auf dem Rücken
Auf so starkem Vierbein
Kann ganz bei sich selbst sein

4 Affe Pferd Kompass und Rosenkranz
Sind stets bei mir auf jeder Distanz
Sie hängen im Auto am Spiegel und schaukeln
So wie meine Träume mir Zukunft vorgaukeln

Maskottchen sind ein Teil von uns – man sammelt das, was von uns spricht.
Bestimmte Seiten uns'res Seins sollen gegenständlich sein im Licht.
Vielleicht bestärkt uns manches Ding – der Sehnsucht wirklich zu vertrauen.
Und aufzufangen kleinen Wink – zu handeln trotz Maskottchenglauben.

Berlin, den 21.6.2011

VORWURF

MÜSSEN ES ERST HUNDERT SEIN
DASS MAN SIE WILL DRUCKEN
KÖNNTEN DOCH SCHON EINIGE
MANCHEN GEIST ERQUICKEN

GEBT MIR NUR DAS STICHWORT HER
SCHREIBE ICH DIE VERSE
DOCH MANCHES WIEGT NICHT SCHWER GENUG
DASS ES RÜHRT MEIN HERZE

SOLL ES FREMDE SEELEN RÜHREN
MUSS ES ALLEN WICHTIG SEIN
SO WIE LIEBE HOFFNUNG LEBEN
DANN STELLT ZEUGNIS SELBST SICH EIN

HABE HEUT DEN HUND GEWASCHEN
RIECHT JETZT SUPERFEIN
DOCH DAS WOLLT IHR GAR NICHT WISSEN
FREUT NUR MICH ALLEIN

DESHALB SUCHE ICH GEDANKEN
DIE ALLEN SIND BEKANNT
NUR SIE SO INS MASS MUSS BRINGEN
DASS FROHSINN ZU EUCH FIND

Berlin, den 23.6.2012

DISZIPLIN

KADAVERGEHORSAM IST ERSTE ÜBUNG
DENN DENKEN IST NOCH NICHT ENTWICKELT GENUG
DOCH KENNST DU SCHON STRAFE - DIE MÖCHTEST DU MEIDEN
DRUM FOLGST DU DEM ÄUSSEREN ANSPRUCH STETS GUT

SO MANCHER BLEIBT IM LEBEN GEFANGEN
IN DIESEM UMGANG MIT SICH UND DER WELT
ER HAT AUCH NEN NAMEN FÜR DIESES GEBAREN
SAGT DIS Z I PLI N – WEILS ALLEN GEFÄLLT

DIE LUST ZU VERBINDEN MIT NOTWENDIGKEITEN
SICH SELBST DAS MASS AM SEIN ZU BESTIMMEN
DAS ZEITLICHE REGELN VON PFLICHTEN UND WÜNSCHEN
DARIN KÖNNTE ICH DIE D I S Z I P L I N FINDEN

SOLANGE DIE ANGST VOR AUSSEN UNS STEUERT
SIND WIR NOCH LANGE NICHT DISZIPLINIERT
ERST WENN ES UNS INNERER ANTRIEB GENUG IST
DAS EIGENE ICH DURCHS LEBEN DANN FÜHRT

Berlin, den 1.7.2012

WAS WÄRE WENN

MUSS MAN NACH EINEM LÖSUNGSWEG SUCHEN
KREIST DER GEDANKE WIE BLITZLICHT IM GEIST
BLEIBT ER DANN AN EINEM PUNKT HÄNGEN
ÜBERPRÜFT ER ERGEBNISSE GLEICH

ANDERS WENN DIE GEWOHNHEIT SICH MELDET
ALLE SCHRITTE NICHT MEHR NEU BEDACHT
PLÖTZLICHES STAUNEN SICH DANN NEU ERÖFFNET
WENN ÜBLICHE TECHNIK DIE DIENSTE VERSAGT

ICH MAG NICHT ERSINNEN – WELCH CHAOS IM LEBEN
VERSAGT MAL TOTAL DAS TECHNIK-DASEIN
JE JÜNGER DIE LEBEN – JE HILFLOSER SIND SIE
WER WIRD SIE IN ALTES DENKEN EINWEIH'N

IM LUXUS GEBOREN – MIT WELTEN VERNETZT
WERDEN DIE BITS SIE NIEMALS ERNÄHREN
UND AUCH KEIN ALL-SATTELITENSYSTEM
IHNEN HERBERGE; FEUER UND LIEBE GEWÄHREN

SO BIN ICH GANZ FROH; DASS VON BEIDEN ICH NASCH
JE NACH DER LAGE ICH GREIF IN DIE KISTE
UND TROTZT MIR DIE UMWELT AUCH MAL MIT NEM STREICH
BLEIBT MIR DIE NUTZUNG EIGENER LISTEN

Berlin, den 5.7.2012 (mein Provider vergaß einen Link)

ZUFRIEDENHEIT

MEIN WASSER IST GENAU SO SCHÖN
WIE ANDRE SCHWÄRM'N VOM GARDASEE!!!

ICH LIEGE AUF DEM EIG'NEN KAHN
DER WIND BLÄST UM DIE NASE
DIE TAUCHER SCHWIMMEN MIT DER BRUT
UND FISCHE SPRINGEN FAST INS BOOT

SEGELBOOTE GLEITEN STOLZ
DEM WINDE SICH ERGEBEND
DIE SCHWALBEN SCHIESSEN DURCH DIE LUFT
HIER FÜHLE ICH DAS LEBEN

VERLOCKEND IST SOLCH EIN IDYLL
DIE WELT SOLLT' DRAUSSEN BLEIBEN
DOCH OHNE SIE WÄR'S NICHTS MEHR WERT
SOLCH GLÜCK KÖNNT' SICH NICHT ZEIGEN

DAS QUANTUM ZU DER RECHTEN ZEIT
MIT EIG'NEM WUNSCH VERBUNDEN
DAS SCHAFFT DIE FROHE SEELIGKEIT
AN DER WIR STETS GESUNDEN

Berlin, den 5.7.2012 Scharfe Lanke

AUS

WIE FÜHLT EIN BAUM --- DEM WELKEN DIE BLÄTTER
ER WEISS UM DAS NÄCHSTE ERWACHEN GENAU

WIE FÜHLT EIN BAUM --- DEM STERBEN MANCH ÄSTE
ER SPÜRT - DASS WAS SCHADET IN SEINER AU

WIE FÜHLT EIN BAUM --- DEM NICHTS MEHR WILL GRÜNEN
ER ZIEHT SICH IN DIE KRAFT SEINES STAMMES ZURÜCK

DORT VERHARRT ER NE WEILE UND WARTET DER STUNDE
DASS DOCH NOCH EIN SPROSS TROTZT DEM AUSSENGESCHICK

WIRD KEINE WURZEL MEHR VON OBEN GEFORDERT
VERKÜMMERT SIE FAULEND ZUM STAMME HIN
UND LETZTLICH VERGEHT AUCH DEM STARKEN DIE HOFFNUNG
DANN BIRGT AUCH DAS WARTEN NIE MEHR EINEN SINN

Berlin, den 11. 7. 2012

DAZWISCHEN

GOTT IST DAS D A Z W I S C H E N
NIE GESEHEN - NIE ERFASST
WEDER RAUM NOCH ZEIT GESCHULDET
EBEN NUR INS Z W I S C H E N PASST

OB ICH SCHÖNER BLÜTEN STAUNE
ODER MICH AM TIER ERFREU
EINEN ANDREN MENSCHEN TREFFE
AUCH MAL IN DEN HIMMEL SCHAU

IMMER MISCHT SICH'S ZWISCHEN EIN
OHNE WILLE ODER ZUTUN
WER SOLCH GOTT NOCH LEUGNEN WOLLTE
IN DEM KANN NICHT GESUNDHEIT RUH'N

LENKT DICH DEIN SINN IN FÜHLEND TUN
KANNST DU DER SEELE NICHT SCHWEIGEN GEBIETEN
DAS IST DIE DREIFALTIGKEIT
DIE'S GILT ALS EINHEIT ZU BEHÜTEN

Berlin, den 11. 7. 2012

MISSVERSTÄNDNIS

Missverständnis nennt der Eine
Was den Andern sehr arg kränkt
Wollte doch nur etwas sagen
Was sich in sein Hirn gedrängt

Trifft er damit eine Seele
Die noch lebt und liebt und hofft
Kann er schwere Wunden schlagen
Es entsteht ein tiefes Loch

Unbedacht des Innenlebens
Geht der Geist gegrenzten Weg
Auf den unbekannten Pfaden
Nur die Liebe sich bewegt

Zu bedenken wie die Wichtung
Dessen Sein hat einst geprägt
Würde Missverständnis meiden
Ein Verstehen neu belebt

Berlin, den 18.7.2011

ACHTUNG

"ELTERN HAFTEN FÜR IHRE KINDER"
LIEST MAN ÜBERALL
DOCH WIEVIEL FEINER IST DER SPRUCH
"ELTERN ACHTET AUF EURE KINDER"

DAS HAFTEN KOMMT ERST NACH DEM SCHADEN
EIN ACHTEN IHN VERMEIDET
DRUM SAGT SOLCH HINWEIS VIELES AUS
VON DEM -- DER IHN GESCHREIBET

Berlin, den 21.7.2012

INHALT – FORM

WER WEISS UM SEINE REINE SEELE
DEM IST ES OFT EGAL
WAS ANDERE SO VON IHM DENKEN
WIE SIE IHN NEHMEN WAHR

DOCH LEIDER WIRKEN STRENGE REGELN
DER MENSCH NACH SCHÖNHEIT SUCHT
IST SEINE REIFE NOCH IM WERDEN
ER HÄSSLICHES VERFLUCHT

DA NICHT NUR WEISE UNS UMGEBEN
ERGIBT SICH NUN DIE PFLICHT
DEN INHALT AUCH IN FORM ZU BRINGEN
DIE NUN DIE WELT BESTICHT

DAS SELBSTGEFÜHL DANN NOCH MEHR WÄCHST
WENN IMPOSANTES BILD
DER UMWELT NEUGIER SO ERWECKT
UND EINHEIT WIRD ERFÜHLT

Berlin, den 21. 7. 2012

NETTO

TARA IST DIE UMVERPACKUNG
DIENT DEM SCHUTZ - DER LIST - BETRUG
MANCHES EDLE SO VERSTECKT IST
ODER TINNEF ZEIGT SICH BUNT

WIE BEIM MENSCHEN WIRKT DIE KLEIDUNG
SCHAFFT DAS AUSSEN OFT DIE LUST
BLICKST DU HINTER DIE FASSADE
GREIFT MANCHMAL DICH DER KALTE FRUST

EDELSTEINEN ZIEMT SOLIDES
ABGEWETZTES AUSSEN SCHRECKT
WENN DIE NEUGIER NICHT GEWECKT WIRD
MANCHES KLEINOD NICHT ENTDECKT

DOCH LISTIG NUTZT SO MANCHER HÄNDLER
AUSSENGLANZ ERFAHRUNGSWERT
STECKT MAN SCHROTT IN FEINE HÜLLE
WIRD VOM KUNDEN DANN BEGEHRT

DIESE LIST WIRD DANN VERWERFLICH
WENN EIN MENSCH ZUR TARA WIRD
UM SEINE LEERE ZU VERSTECKEN
SICH MIT EDLEN SEELEN SCHMÜCKT

IST ER DANN AN SEINEM ZIELE
HAT DEN RAMSCH INS VOLK GEBRACHT
WIRFT ER WEG DIE FEINE SEELE
UND NUR SEIN GEWINN IHM LACHT

BIST DU STOLZ AUF DEIN ERREICHTES
LASSE DIE VERPACKUNG WEG
LEB WIE EDLES IST GEWORDEN
NETTO SEIN IST LEBENSZWECK

Berlin, den 21. 7. 2012

AUS GEWORDENEM --- DAS ZUWERDENDE BAUSTELLE

HIER KANNST DU ES MIT AUGEN SEHEN
WAS SONST SO SCHWER IST ZU VERSTEHEN
MATERIE KANNST DU SELBST ANFASSEN
SEELISCHES NICHT MAL ANTASTEN

DAS WUNDER MUSS DEIN WESEN FÜHLEN
SONST WIRST DU NICHT DEN SINN ERSPÜREN
WARUM EIN BAU MICH ANGEFACHT
DASS ICH SOLCH ZEILEN MIR ERDACHT

DAS GESTERN IM HEUTE DAS MORGEN GEBIERT
ES IST DANN VORÜBER -----UND
NIE MEHR ERGREIFBAR
WEIL ZEIT ES VERÄNDERT – ENTSTEHT NEU GESTALT

ENTWEDER DAS AUSSEN VERÄNDERT DAS DASEIN
ODER DAS INNEN ERFINDET DAS NEUE
NUR DEM MOMENT IST EIGEN DAS IST
DAS MORGEN DEN ZUSATND DES HEUTE VERGISST

MIT WASSER BENETZTEN DIE ALTEN DEN LEHM
UM EINST ERSTE HÜTTEN FÜRS WOHNEN ZU BAUEN
NATUREN ZU TROTZEN – DAS VIEH ZU BESCHÜTZEN
BEARBEITEN SIE NUN SELBST FELDER UND AUEN

NUR WIR WOLLEN EWIG DAS GESTRIGE HALTEN
UND TRAUERN OFT SCHMERZLICH IM NEUEN MOMENT
VERGESSEN, DASS ALLES GEKONNTE ERHALTEN
ES EBEN NUR JETZT FÜR DIE ZUKUNFT ENTBRENNT
Berlin, den 24.7.2012

ERKENNTNIS

ICH MUSS DEN ZEITPUNKT SELBST BESTIMMEN
AN DEM ICH AUS DEM LEBEN GEH
DENN NIEMAND WIRD AN MEINER SEITE
MIR ADIEU SAGEN BEIM VERGEHN

ES SOLL DIE LETZTE RACHE SEIN
AN ALLEN - DIE ERFLEHN VERZEIHN
IM LEBEN HÄTTE ICH GEWÄHRT
DOCH NUN IST STRAFFREIHEIT VERJÄHRT

SIE SOLLEN MIT DEM "H Ä T T E" LEBEN
DEM ICH HAB NIEMALS RAUM GEWÄHRT
ALL DAS - WAS ICH VERSUCHEN KONNTE
HAB ICH INS DASEIN REINGEZERRT

I C H HABE LIEBE MIR ERHALTEN
MICH NICHT IN GRAM UND ZORN VERBOHRT
DESHALB SCHLEICH ICH MICH NUN VON DANNEN
"ICH LIEBE EUCH" MEIN LETZTES WORT

Berlin, den 25. 7. 2012

VERFEHLT

SIE BRACHTE SICH AUS EINSAMKEIT UM
IHR MENSCH FAND SIE IN SEINEM VON IHM GEPFLEGTEN GARTEN

FÜHLST DU DICH WENIGER WICHTIG ALS UNKRAUT
DAS VON DEINEM MENSCHEN MIT AUGSCHEIN BEDACHT
ERSETZEN DIR KEINERLEI INNEREN WERTE
DIE GRAUSAME KÄLTE DER EINSAMEN NACHT

EIN JEDER GEHORCHT NUR DEN EIGNEN GEWICHTEN
SIE LENKEN SEIN HANDELN IM PFLICHTIGEN TUN
WER WILL SCHON DEN EMSIGEN MENSCHEN DANN RICHTEN
KANN DOCH DIE TOTE IN SCHÖNHEIT NUN RUHN

Berlin, den 25.7.2012

DANK

GEH WEG - DU DUESTERER GEDANKE
SCHAU SCHWALBEN FROHEM FLUGE ZU
SIE SCHAUKELN GLÜCKLICH AUF DEN SEILEN
ERHASCHEN MAHLZEIT SICH IM NU

GANZ DICHT UMSCHWIRREN SIE AM ABEND
DIE BOOTE IN DEM SANFTEN LICHT
SIE ZIEHEN LUSTVOLL IHRE KURVEN
BEVOR DER TAG FÜR SIE ERLISCHT

SIE SIND IM IST ALLEIN ZU HAUSE
NICHT GESTERN MORGEN ZUKUNFT ZÄHLT
DARUM BENEIDE ICH DIE SCHWALBE
WEIL SIE MIR WAS VOM GLÜCK ERZÄHLT

ICH SAH SIE KURZ INS WASSER TAUCHEN
EIN LÄCHELN ZIEHT IN MEIN GESICHT
ALS OB SIE MICH ERFREUEN WOLLE
TANZT SIE FÜR MICH IM ABENDLICHT

Berlin, den 25.7.2012

VERSTEHEN

SCHLECKT MEIN HUND MIT SEINER ZUNGE
BETTELT NOCH MIT TATZ DAZU
KLAPPRE ICH MIT MEINEN ZÄHNEN
UND GEBIETE IHM SO RUH

DOCH IST SEIN SEHNEN SEHR BESTÄNDIG
REAGIERT MIT KNURRGERÄUSCH
HÖRT SICH AN WIE LAUTES BETTELN
DAS MIR DANN WIE SPRACH ERSCHEINT

OFT ERFÜLL ICH SEINE BITTEN
DENN ER SPRICHT JA SO MIT MIR
UND SO KÖNNEN WIR ERTRAGEN
DASS ICH EIN MENSCH UND ER EIN TIER

DIE WAHL DER WORTE IST NICHT WICHTIG
NUR ZU FÜHLEN DRINGEND WUNSCH
DANN KÖNNTE MANCHE SEEL GESUNDEN
MENSCH ZU MENSCH AUCH OHNE HUND

Berlin, den 25.7.2012

DA WAR DOCH WAS

FÜHLST DU DIE SONNE AUF DER HAUT
PULSIERT IN DIR DAS LEBEN
LUST ERWECKT ERINNERUNG
ERREGT EIN NEU ERSEHNEN

DU ENTSCHEIDEST IM MOMENT
WILLST DU STILLEN DEIN VERLANGEN
ODER REICHT DAS ISTGEFÜHL
IM GESTERN DU GEFANGEN

LEBENSABEND VOR DER TÜR
ERKALTEN NICHT GEFÜHLE
NUR DER KÖRPER WEICHT ZURÜCK
ERINNERT SICH IN STILLE

DA GABS DOCH MAL DAS HOCHGEFÜHL
ENTBEHRTE DER VERNUNFT
ERHOB MOMENT DER LUST DAS ZIEL
UND ÖFFNETE DEN MUND

VERMISSEN MÖCHTE ICH KEIN GLÜCK
AUCH NUR DURCHS IST GEBOREN
SO SCHAUE ICH RECHT FROH ZURÜCK
BIN NIE DIE SONN GEFLOHEN

UND WIRD ES DUNKEL UM MICH SEIN
SO SCHLEICH ICH MICH DAVON
DENN LEBEN FÜHLT NUR GUT SICH AN
WENN SCHEINT AUCH MAL DIE SONN

Berlin, den 1. 8. 2012

WIEDER DA

ICH DACHTE-SO GEHT'S IMMER WEITER
KRÄFTIG STARK UND UNGESTÜM
DOCH HIELT WER AUF GESCHUND'NEN KÖRPER
GAB SCHLAGANFALL ZUR ERNSTEN SÜHN

DA LAG ICH NUN VOLL AUS GEBREMST
NICHTS KONNTE ICH MEHR SELBER LEISTEN
BEDURFTE STETS DER LIEBEN HILFE
BEKAM AUCH ZEIT--- ES ZU BEGREIFEN

DER DRANG ZUM TUN MUSS AUCH BEDENKEN
DASS ES DES KÖRPERS STETS BEDARF
WIRD DER DABEI ZU SEHR GESCHUNDEN
DANN IST AUF IHN KAUM NOCH VERLASS

GANZ LANGSAM KEHREN KRÄFTE WIEDER
WENN ICH DIE E X T R A M Ü H NICHT SCHEU
BEKANNTES WIEDER ZU TRAINIEREN
UND NOTWENDIGES ZU LERNEN NEU

VOR ALLEM IST ES ALLEN SICHTBAR
WAS STETIG BEI MIR BESSER WIRD
BEKOMME SO FÜR MEINE MÜHEN
DANN ENDLICH LOB, DAS MIR GEBÜHRT

DAVOR WAR ALLES SELBSTVERSTÄNDLICH
WAR ICH DOCH STETS DER STEUERMANN
DOCH ALS ICH DANN WAR WEG VOM RUDER
STAND JEDER TAPFER SEINEN MANN

SO DANKE ICH DEM STUMMEN MAHNER
DASS ICH NUN WIEDER BEI DER SACH
AUCH WENN NUR IN GANZ LEISEN TÖNEN
DAS STEUERN IST HALT DOCH MEIN FACH

Berlin, den 1.8.2012

RÜCKSICHT VORSICHT EINSICHT

RÜCKSICHTSLOS ERST VORZUWERFEN
NICHT SEHR SINNVOLLES GEBAREN
WEIL DIE VORSICHT MEHR GEBOTEN
SO KÖNNT RÜCKBLICK MAN SICH SPAREN

DOCH WENN ES NOCH AN VORBLICK MANGELT
MUSS MAN IM MOMENT SEHR FEIN
SCHARF BEACHTEN ALLE PUNKTE
DIE BERÜHREN EIGNES SEIN

FUHR ZUM BEISPIEL FREMDER MANN
MIT NEM AUTO HUND LEICHT AN
DOCH STATT SICH UMS TIER ZU KÜMMERN
GING ER STOSS-STANGE BEFINGERN

GRAUSEN KROCH SICH IN MEIN WESEN
ZEUGT VON STEINHERZ SOLCH EIN LEBEN
WO BLEIBT ACHTUNG VOR DEM SEIN
DAS NIEMAND GAB SICH SELBST ALLEIN

GRÖSSENWAHN DIE SCHLIMMSTE KRANKHEIT
WUCHERT HEMMUNGSLOS WIE KREBS
KEINER STOPPT DIE METASTASEN
BEWAHR DIE DEMUT IN DIR SELBST

Berlin, den 3.8.2012

REAGIEREN REPARIEREN

BLÄST DIR DIE BRISE INS GESICHT
BIEGT LEICHTER WIND DEN PFLANZENHALM
FÜHLT AUF DER HAUT MAN SONNENLICHT
WIRD AUCH DIE SEELE LANGSAM WARM

MAN FÜHLT DAS LEBEN DER NATUR
SIEHT BLÜTEN SICH ENTFALTEN
UND SPÜRT, DASS WIR SIND AUSERKOR'N
DAS ALLES WEITER ZU ERHALTEN

DER FORTSCHRITT KOMMT MIR IN DEN SINN
SAGT MAN DOCH FÜR ENTWICKLUNG
DAS HEISST DOCH ABER ABZUSPULEN
DEN AUFGEROLLTEN FADEN

MICH QUÄLT GANZ PLÖTZLICH EINE FRAGE
WAS WIRD SEIN --- WENN DIE SPULEN LEER
WENN NICHTS MEHR ABZUWICKELN
WO KOMMT DENN DANN ENTWICKLUNG HER

SITZT DU IM FLUGE ANGESCHNALLT
IST KEIN AUSSTIEG MÖGLICH
VOM PFERD DU SCHNELL HERAB DICH SCHWINGST
WENN HINDERNIS DICH NÖTIGT

DAS HIN UND HER IN DER NATUR
ERLAUBT EIN REAGIEREN
DEM FORTSCHRITT LIEFERST DU DICH AUS
DANN HILFT NUR REPARIEREN

7.8.2012

BEOBACHTUNG

DER EINE LIEBT HÜHNER; DER ANDERE KATZEN
DER NÄCHSTE DIE HUNDE UND MANCHER DAS PFERD
DIE BOTSCHAFT IST HÖRBAR; DIE SICH DABEI ZEIGT:

WER HÜHNER UND KATZEN BEVORZUGT BEMUTTERT
DER GEHT ZWAR GERN VERANTWORTUNG EIN
DOCH MÖCHTE NICHT STETS DURCH LEISTUNG ERNEUERN
DASS ER DER NUTZER DER HALTUNG WILL SEIN

WER HUNDE UND PFERDE SICH SELBST ZUGESELLT
BLEIBT STETS IN DER PFLICHT NEU LEISTUNG ZU ZEIGEN
SIE STÄNDIG TRAINIEREN WAS SEHR ENG VERBINDET
EINANDER ZU TRAUEN MEIST ALLEN GEFÄLLT

SIE KÖNNEN NICHT MEHR OHNE MENSCHEN HIER LEBEN
IN UNSEREN BREITEN IST NÖTIG DER SCHUTZ
DIE STETE VERSORGUNG MIT FUTTER UND LIEBE
ERFÜLLT SO AUCH FÜR DEN MENSCHEN STETS L U S T

SO DENK DIR BEI ANDEREN TIEREN DEN VORTEIL
DEN TIERLIEBER MENSCH FÜR SICH SELBST VERBUCHT
DENN IMMER IST ER ES DER NUTZEN ERGATTERT
AUCH WENN ES NACH DRAUSSEN GANZ ÄNGSTLICH VERTUSCHT

SIEHST DU DAS TIER – ERKENNST DU DEN MANGEL
DER IHM ZUM EIGENEN GLÜCKE NOCH FEHLT
OB LIEBE VERTEILEN ODER AUCH SAMMELN
SIE BLEIBT IN DIE HEGE UND SORGE VERWEBT

NUN GLAUB NICHT, DASS OHNE DAS TIERE VERWÖHNEN
DIE MENSCHEN WÄR'N REICHER AN INNERER KRAFT
DENN DIE SO DEN MANGEL DURCH FÜRSORGE MILDERN
SIE LEBEN SENSIBLER IM TRISTEN ALLTAG

Berlin, den 10.8.2012

UNVERMEIDBAR

JUNGE MENSCHEN KENNEN'S NUR
VON DURCH-TANZTEN/ZECHEN/WACHTEN-NÄCHTEN
ALLE KNOCHEN SIND WIE BLEI
SELBST KLEINSTE MUSKELN WEHTUN

SPÄTER IST ES DAS MALOCHEN
WILLST DEIN ZIEL ERFÜLLEN
ARBEITEST MIT LETZTER KRAFT
UM WERKE ZU ENTHÜLLEN

DANN BEGINNT DER DRITTE TEIL
KRÄFTE SIND VERFÜGBAR
DOCH DU PLANST SCHON SEHR GENAU
WIE DU NUTZT DEN VORRAT SCHLAU

SCHLIESSLICH BIST DU SCHON ERSCHÖPFT
VON DEM WEG ZUM ZIELE
MUSST NUN ERSTMAL AUSRUHN DICH
TRÄUME GIBT'S NOCH VIELE

SO VERKLINGT DAS POTENTIAL
IM KÖRPER WIRD ES KLEINER
DOCH DIE ERFAHRUNG WIEGT VIEL AUF
UND DAS GEFÜHL WIRD FEINER

BRAUCHST DEN ANDERN NUR ZU SEHEN
OFFENBART SICH SCHON SEIN IST
KANNST DU IHM DANN WÄRME SPENDEN
DAS SCHWACHSEIN SCHNELL VERGISST

Berlin, den 11.8.2012

VERRÜCKT

LIEGT DER HUND AUF SEINEM RÜCKEN
RECKT DIE BEINE IN DIE LUFT
BLINTZELT DURCH EIN SCHLITZESAUGE
OB WER ZUM SPAZIERGANG RUFT

ER GENIESST SCHMAROTZERLEBEN
WIRD GEFÜTTERT UND GEPFLEGT
BRAUCHT DAFÜR UNS NUR ZU ZEIGEN
DASS ES IHM SO WOHL ERGEHT

LÄCHELN ZIEHT IN UNSRE SEELE
WENIGSTENS LEBT ER IM GLÜCK
ACH WAS WÜRD' ICH DAFÜR GEBEN
MIT IHM ZU TAUSCHEN NUR EIN STÜCK

ABER EBEN NUR EIN TEILCHEN
FOLGEN WILL ICH KEINEM HERRN
DESHALB MUSS AUCH ALLES BLEIBEN
DENN SOOOOOO HABEN WIR UNS GERN

Berlin, den 11.8.2012

GESTRIGE

VERDAMMT NOCH MAL – WIE BLIND SEID IHR
NACH DREIUNDZWANZIG JAHREN
SCHREIT IMMER NOCH DEN "OSTEN" HER
ALS OB ES BESSER DAMALS WAR

DEN FORTSCHRITT NEHMT IHR GERNE MIT
ES AN NICHTS JETZT EUCH MEHR MANGELT
NICHT NUR REISEN SCHAFFT ERFAHRUNG
WERDET AUCH NICHT MEHR GEGÄNGELT

JEDER MUSS NUN SELBST SICH KÜMMERN
SORGEN UM DIE SEINEN
FREI REDEN DENKEN UND ERKUNDEN
GEFANGNER GEIST KANN SO GESUNDEN

DOCH AKTIV MUSS NUN JEDER SEIN
NICHTS KOMMT MEHR VON DEN GENOSSEN
DIE EH' NUR GABEN IHRER BRUT
IHR PULVER IST SCHON LANG VERSCHOSSEN

ICH LIEBE DIESE GEGENWART
EGAL WAS HEUTE SCHWIERIG
BESSER IST ES TAUSEND MAL
DESHALB VERFLUCH ICH OSTALGIG

Berlin, den 13.8.2012

NACHLEBEN ODER VORLEBEN

VIELE LIEBEN AUSGETRET'NE PFADE
WACHSAMKEIT NICHT SEHR GEFRAGT
SCHREITEN VORAN MIT URVERTRAUEN
NICHT EROBERN IST ANGESAGT

NACHEMPFINDEN NACHERLEBEN
WAS SCHON ANDERE GEFÜHLT
IST IHR OBERSTES BESTREBEN
UM WEGE SIND SIE NICHT BEMÜHT

MANCHE WEICHEN AB VOM VORGANG
BEHALTEN IHN JEDOCH IM BLICK
SACHTE TRETEN SIE ZUR SEITE
KÖNNTEN JEDER ZEIT ZURÜCK

UND NUN GIBT ES NOCH DEN DRITTEN
WELCHER MEIDET SOLCHEN WEG
WILL SICH SELBST DAS NEUE BAHNEN
VORSICHT UND AUCH UMSICHT PFLEGT

RISIKO IHN STETS BEGLEITET
MUSS BEREIT FÜR LÖSUNG SEIN
UM SEIN DASEIN ANZUPASSEN
WENN ER STOLPERT AN NEM STEIN

DER WILL STETS DER ERSTE SEIN
INDIVIDUELL ERLEBEN
WAS ER BESITZT FÜR SICH ALLEIN
SEIN GLÜCK BEDEUTET.
VOM PFAD WEGSTREBEN !

Berlin, den 16.8. 2012

MOTIV

WIE OFT HAT MIR EIN SPRUCH GEHOLFEN
DER MIR DURCH BILDUNG WAR BEKANNT
UND NUR DER INHALT DER ZITATE
WIRKTE WIE EIN STÜTZEBAND

IST DAS VIELLEICHT DER GRUND ZUM DICHTEN
DASS MAN IN KURZFORM WILL BESTEHEN
UND SPÄTRE MENSCHEN LEICHTER FINDEN
WO SIE IM LEBEN LANG KÖNN' GEHEN

MAN WILL JA ALLEN ETWAS SAGEN
WAS MAN IM HERZEN AUSGEGOREN
DOCH WEIL DER NEBENMENSCH SO FERN IST
SOLL WORTEWAHL IN SCHRIFT ERKLÄREN

OB JE GEHÖRT ODER GELESEN
BLEIBT OFT DEM AUTOR UNBEKANNT
DOCH PLATZEN WÜRDE SONST SEIN WESEN
WENN ER SEIN WISSEN STUMM VERBRANNT

DENN SCHÄTZE SIND JA OFT VERBORGEN
MAN MUSS SCHON AUF DIE SUCHE GEHEN
UND HAT MAN DANN EINEN GEFUNDEN
SO WOLLEN ALLE IHN BESEHEN

DAS GRABEN UND MÜHSAM ERKUNDEN
IST NUR WENIGEN BEDÜRFNIS
UND ALS LOHN FÜR DEREN MÜHEN
GEH' ICH DAUERD EIN DAS WAGNIS

GEBE PREIS MEIN EIGEN FÜHLEN
BINDE ES AN MARTERPFAHL
JEDER KANN ES SO BESCHMUTZEN
ODER STÜTZEN EIG'NE WAHL

Berlin, den 16.8.2012

BEGRÜSSUNG

IN DIE AUGEN SCHAUEN – FÜHLEN WAS GEWÜNSCHT
DER BEGRÜSSUNG ERSTER ACT
DOCH FOLGT OFT VERSCHIED'NES
WAS ANDEREN WIRD HINGESTRECKT

VON DER STIRN ÜBER DIE NASE
MUND UND WANGE HALS
ARME AUSSEN FEST VERSCHLUNGEN
AUF EIGNER BRUST GEKREUZT

HÄNDE STRECKEN SICH ENTGEGEN
FEST GEFASST--- MIT HAUCH GEKÜSST
ODER GEGEN AND'RE KLATSCHEN
SO AUCH MANCHMAL WIRD GEWÜNSCHT

WIE MACHT'S UNS DIE TIERWELT VOR
SIE BESCHNÜFFELN VIELFACH EMSIG
AND'RE SINGEN ODER KNURREN
BEGRÜSSEN SICH MEIST ÜBERHAUPT NICHT

NUR DER ZWECK LENKT DEREN TUN
FRESSEN SPIELEN KOPULIEREN
ALLES AND'RE IST VERPÖHNT
ERFÜLLT NICHT FORDERUNG VON TRIEBEN

SO WÜRDE ICH ES GERNE PFLEGEN
NICHT WAS MAN SO TUT
SO WIE DER MOMENT MICH STEUERT
ZIEHE ICH AUCH MAL DEN HUT

ANDEREN DEN RÜCKEN KEHREN
WILL SIE GAR NICHT SEHEN
DOCH OFT ZWINGT DIE REGEL ALLE
AUFEINANDER ZU ZU GEHEN

Berlin, den 24.8.2012

ROT ERWÜNSCHT

IN EINER GROSS-STADT AUTO FAHREN
KOSTET SEHR VIEL ZEIT
DU GLAUBST ES SEI EIN SCHNELLER WEG
STESST NUR DAS NERVENKLEID

ICH HABE JETZT DIE BESTE LÖSUNG
FREUE MICH AUF ROT
WEIL ICH GEDANKEN KANN NOTIEREN
DIE SCHLEICHEN SICH SONST FORT

AUCH BIN ICH NICHT MEHR SO GEHETZT
WEIL ICH NACH INNEN HÖRE
UND MERK DIE DUMMHEIT ANDRER NICHT
DIE MICH OFT FURCHTBAR QUÄLTE

FRÜHER HÖRTE ICH CD-S
DOCH IN DER STADT ZU SCHADE
WEIL DU OFT AN DER AMPEL STEHST
UND AUF DIE GRÜNPHAS' WARTEST

DENN NUR BEIM HÖREN BLEIBT NOCH ZEIT
DICH UNENTWEGT ZU ÄRGERN
DOCH NUN WO ICH GEDANKEN SCHREIB
SO NICHTS MEHR KANN MICH STÖREN

DIE ZEIT BEKOMMT WIEDER GEWICHT
SIE IST NICHT NUR VERGEUDET
ERREICHE GUT GELAUNT MEIN ZIEL
WAS AUCH DIE MITMENSCH FREUET

Berlin, den 6.9.2012

WOHNMOBIL

DER NAME SAGT BEWEGLICHKEIT
FÜR MENSCHEN TIERE SACHEN
DER TISCH DAS BETT DER TOPF KANN MIT
DARFST DRIN AUCH LAUTHALS LACHEN

DAS GANZE HAT NUR EINEN PREIS
MIT MÜNZEN NICHT ZU LÖHNEN
DAS ICH LÖST SICH IM UMFELD AUF
MUSST DICH DARAN GEWÖHNEN

ACH BITTE STEIG DOCH KURZ MAL AUS
ICH MÖCHTE NEU BEDENKEN
WO ICH MICH SELBST NOCH SUCHEN KANN
WENN STRASSEN UNS NICHT LENKEN

DER EINE STREICHT DAS INSTRUMENT
DER ANDRE SPIELT STACCATO
DAS IST JA SONST AUCH GANZ OKAY
WENN NICHT ZUGLEICH IM AUTO

WENN EINER TRÄUMT UND EINER RENNT
KOMMT MAN SICH INS GEHEGE
DAFÜR LEBT MAN IM WOHNMOBIL
UND HAT SEHR KURZE WEGE

DOCH IST DER RHYTHMUS SEHR VERSCHIEDEN
DURCHS LEBEN VORGEPRÄGT
KÖNNT SOLCH VERREISEN ÜBERPRÜFEN
WIE GUT MAN SICH VERSTEHT

Berlin, den 6.9.2012

NUR DAS TIER ???

KEINER KANN SO ZWINGEND SCHMEICHELN
WIE EIN BETTELND HUND
ZEIGT ER SCHEINBAR GROSSE LIEBE
GIBT ER WILLEN KUND

SEIN BEDÜRFNIS ZU ERFÜLLEN
IST JETZT ANGESAGT
DESHALB SEI NUN ENDLICH GNÄDIG
GEWÄHRE IHM DAS - WAS ER MAG

Berlin, den 1.9.2012

VERZÖGERUNG

DAS LEBEN IST DAVONGELAUFEN
ES WOLLT' NICHT BEI MIR SEIN
ZU FADE WAR DER ALLTAG IHM
DRUM LIESS ES MICH ALLEIN

DOCH HOLE ICH ES PROMPT ZURÜCK
DURCHSTREIFE STADT UND FLUR
UND KÜNDET SICH DANN WIEDER GLÜCK
HALT ICH ES AN DER SCHNUR

ICH BRAUCHE ALL DAS AUF UND AB
FROHSINN SCHMERZ UND SORGE
UND ERST WENN ICH GENUG DAVON
ICH ES DEN ANDERN BORGE

SIE MÜSSEN DANN DAS KUNSTSTÜCK WAGEN
ZU MEISTERN IHREN TEIL
AUCH WENN DIE KARREN SICH VERFAHREN
VERZÖGERN SIE SO DEN VERFALL

1. 9. 2012

HALT LIEBER JETZT AN

SIE LAUFEN UND RENNEN UND HETZEN VONDANNEN
UND HABEN DOCH ALLE EIN EINZIGES ZIEL
DAS ENDE WIRD KOMMEN UND ALLE ERGREIFEN
ER SAGT DANN – SIEH DAS WAR DAS IRDISCHE SPIEL

ZU STARTEN ZU STOLPERN ZU HINKEN ZU SCHLEICHEN
UND ALLES GRÄBT SICH ALS SPUR UNS INS SEIN
UND TRITTST DU DANN AB VON DER BÜHNE DES LEBENS
SO WAR DIESES EILEN AUS DIR GANZ ALLEIN

DARUM BLEIBT NICHTS ÜBRIG VON ALL DEM ERJAGTEN
DU KANNST AUCH NIEMAND GEBEN DIE SCHULD
DENN EINZIG ALLEIN DEIN EIGNES BEGEHREN
HAT DICH SO GETRIEBEN VON STUNDE ZU STUND

HALT AN UND GENIESSE DASS DU NOCH IM LEBEN
GENIESSE DAS TRÄUMEN FÜR DEINE SEEL
DENN NIEMAND WIRD DIR GEHEIMNIS VERKÜNDEN
WELCH HETZEN DA WARTET NACH IRDISCHEM SPIEL

Berlin, den 9. 9. 2012

AUSGELIEFERT

NARKOSE SOLL SIE UNTERBRECHEN
DIE MELDUNGEN ZUM WEITERLEBEN
DENN SCHMERZLOS KANN MAN NUN EINSTECHEN
UND IN DEN KÖRPER SELBST REINSTREBEN

DAS GLEICHGEWICHT SO FREMD ZU STÖREN
BRINGT WIRKLICH RIESENGROSS GEFAHR
DENN SPÄTER WILL MAN NEU BELEBEN
WAS KURZE ZEIT SCHON SCHEIN – TOT WAR

DER ACT IST NICHT ZU ÜBERBIETEN
VERTRAUEN FÜR BEGRENZTES FERN
ALLEIN KANN NICHTS MEHR FUNKTIONIEREN
ERWACHEN WIRD GELENKT VOM HERRN

WIR GLAUBEN ALLES ZU BEHERSCHEN
UND DIE BESTIMMER SELBST ZU SEIN
DOCH IST DAS SCRIPT SCHON ABGELAUFEN
SCHALTET KEIN STOFF DAS LEBEN EIN

Berlin, den 19.11.2012

WURZEL

ALLEN GEMEINSAM SIND NOTWENDIGE WURZELN
DENN OHNE SIE IST KEIN GEDEIHEN ERDACHT
OB NUN DIE PFLANZEN TIERE AUCH MENSCHEN
ERST IHRE HERKUNFT SIE WIRKLICH ERSCHAFFT

DAS KORN ALS DIE FRUCHT IN DER ÄHRE VON HALMEN
KARTOFFELN ALS KNOLLEN IM ERDREICH GEDEIHEN
AN BÄUMEN UND STRÄUCHERN DARF OBST RUHIG REIFEN
UND MANCHMAL WIR AUCH NUR DIE WURZEL SELBST SPEISEN

DIE TIERE VERRATEN DURCH EIGNES GEBAREN
UND DURCH DAS ÄUSS'RE ERSCHEINUNGSBILD
WELCHER GATTUNG SIE SELBST HER ENTSTAMMEN
UND WELCHE ELTERN DAS SEIN EINST GEPRÄGT

INSTINKTE UND SINNE FÜR WEITERES LEBEN
MAL ANGEBOREN AUCH MÜHSAM GELERNT
SCHAFFT NÄHRBODEN DAFÜR
DASS SELBST SIE ZUR WURZEL
FÜR EINE NEUE GENERATION WIRD

DIE MENSCHEN MIT IHRER EIGNEN KULTUR
PFLEGEN SEHR MERKWÜRDIGEN UMGANG MIT HERKUNFT
DIE EINEN BLEIBEN IHR INNIG VERBUNDEN
DIE ANDEREN TUN SO ALS WÄR'N SIE GEFUNDEN

OB NUN EIN PROTZEN PRAHLEN SICH RÜHMEN
ODER VERLEUGNEN VERSTELLEN VERSCHWEIGEN
NICHTS KANN DADURCH DIE WURZELN VERÄNDERN
WOLLEN NUR VORGEBEN – ES SEI ALLES AUS EIGNEM

DENK AN DIE WURZEL DES EIGENEN ZAHNES
BLEIBT SIE ALS SCHMERZENDER HERD DIR IM KIEFER
WIRD SIE DIR GROSSES UNHEIL BEREITEN
UND NIEMALS KANNST DU DIE LÜCKE BESTREITEN

GLÄNZT NUN DOCH DORT EINE KRONE
OHNE WIRKLICH TIEFEN GRUND
MUSST DU BLEIBEN STETS IN SORGE
DASS SCHWINDEL BEI ´NEM BISS WIRD KUND

DIE MORAL VON DER GESCHICHT
LEUGNE DEINE ELTERN NICHT
VERSUCHE ALLES ZU ENTDECKEN
WAS SICH VERSTECKT IN WESENSECKEN

DENN DU KANNST WIRKLICH NUR ENTFALTEN
WAS ALS POTENZ BEREITS ENTHALTEN
AUCH OHNE SIE STETS ANZUBETEN
ALS WURZELN SIE IN DIR JA LEBEN.

9.9.2012

ALLE DREI SIND ERST DIE KRÖNUNG

SUCHST DU SELBST EIN KARTENZIEL
NÄHERT MAN SICH SCHRITT FÜR SCHRITT
LERNT IN WELCHEM TEIL DES LANDES
DU DANN FINDEST DEINE HÜTT

ANDERS BEI DEN SCHNELLGERÄTEN
LOTSEN DICH UM JEDE ECK
SIEHST NICHTS MEHR ALS STRASSENSTRICHE
ALLE LANDSCHAFT WIRD VERDECKT

SPANNEND WIRD DAS ZIELESUCHEN
WENN DIE TECHNIK MAL VERSAGT
UND DIE SONNE IST VERSCHWUNDEN
DIE DIR NORD UND SÜD ANSAGT

ENDLICH HAST DU WIEDER SINNE
FÜR DIE SCHÖNHEIT RINGSHERUM
KEINE KARTE KEINE TECHNIK
JAGT DICH IN DEM LAND HERUM

NUR SO WIRD GENIESSEN MÖGLICH
DICH ERGEBEN IN DAS SEIN
UNSER WEG WIRD UNS SCHON FÜHREN
LETZTLICH IN EIN WARMES HEIM

DAZU IST VERTRAUEN NÖTIG
SPONTANES HANDELN ABGEFRAGT
SOLCH ERLEBNIS MACHT DANN FRÖHLICH
WENN DER MUT AUCH NICHT VERSAGT

ALLE DREI SIND ERST DIE KRÖNUNG
TECHNIK KARTE TATENDRANG
SIE VERFÜHREN ZUM ERLEBEN
UND ZU FÜLLEN LEBENSTANK

Berlin, den 19.9.2012

FAST

DU LEBST MIT DIR TAG EIN TAG AUS STUNDE UM STUNDE
DU REAGIERST AUF DEIN SEIN VON SEKUNDE ZU SEKUNDE
DU SAMMELST ERFAHRUNG WAS GUT FÜR DICH IST
DU BEGINNST BALD ZU MEIDEN – WAS WOHLSEIN VERMISST

NUN GEHT MAN ZUM DOKTOR – DER SOLL SOFORT LINDERN
WAS MAN SCHON JAHRE MIT SICH RUMGESCHLEPPT
MUSS DABEI NOCH ALLES GENAU MIT BEDENKEN
UND HAT IHM NOCH GAR NICHT SO VIELES GEPETZT

ERST WENN MAN DANN DRAUSSEN FÄLLT ES WIEDER EIN
WAS EIGENTLICH NOCH AUF DER SEELE HEISS BRANNTE
DOCH HOFFT MAN AUCH NUN SCHON DASS ES GEHT ALLEIN
DENN ER JA DAS MEISTE VON DIR GAR NICHT KANNTE

WÜRDE ICH BEI SCHMERZEN ZUM DOKTOR GLEICH EILEN
MÜSSTE ICH TAGE UND NÄCHTE DORT WEILEN
UND DABEI BIN ICH GANZ FELSENFEST SICHER
DASS EIGENER KÖRPER SICH KENNT DOCH VIEL BESSER

DRUM NIMM IHN ZUR KENNTNIS UND HÖR AUF DIE INFOS
ER HAT SCHON GERECHNET UND MELDET DAS LECK
VERSTEHST DU SEIN ZEICHEN UND FOLGST SEINER WEISUNG
GEHT ES VIELLEICHT F A S T VON SELBST WIEDER WEG

:::::::::::::: :ABER EBEN NUR FAST!!!!! ----------------------------------

Berlin, den 26.9.2012

ENT-TÄUSCHUNG

WAS TAUSCHT DU BEIM TÄUSCHEN – DIE WAHRHEIT MIT WUNSCH
WILLST WIRKUNG ERREICHEN – MIT LIST HOLST DU GUNST
OFT IST DIR DEIN HANDELN SEHR WENIG BEWUSST
ES ZÄHLT DER MOMENT FÜR SCHEINBARE LUST

ERST NEUES BEGEHREN ENTDECKT DEINEN SCHWINDEL
DU WARTEST VERGEBENS AUF EINSTIGES ZIEL
JETZT ZAHLST DU DEN PREIS – DENN JETZT GREIFT ENTTÄUSCHUNG
UND WIRKLICHKEIT RICHTET DAS UNWAHRE SPIEL

DAS STAUNEN DER E I N F A L T WIRKT SEHR OFT ERGÖTZLICH
WEIL SELBER VERURSACHT DER IRRIGE SCHEIN
DOCH NUN SOLL DER ANDRE SICH BITTE VERBIEGEN
WEIL ER DICH IM IRRTUM LIESS WIRKLICH ALLEIN

MAN HAT MICH ENTTÄUSCHT – IST SEHR OFT ZU HÖREN
DABEI IST GERADE DAS DER RIESENGEWINN
DENN ENDLICH ERSCHEINT UNS DAS INNERE WIRKLICH
KEIN SCHLEIER VERDECKT MEHR DEN ANDEREN SINN

Berlin, den 23.9.2012

Erfahrung ----- Erfindung

DER EINE LIEST DIE ZEICHEN DES KÖRPERS
DER ANDERE DEUTET DAS ATMEN DER SEELE
EIN DRITTER WIRD VOM GEISTE GEFANGEN
KÜNSTLER FÜHLEN DAS GANZE BEISAMMEN

DU KANNST ES WIRKLICH NICHT RICHTIG STUDIEREN
NUR DIE GRUNDFORMEN WERDEN GEGOSSEN
WELCHE GERICHTE DU DARIN WIRST ZAUBERN
WIRD NUR IN STETER ERFAHRUNG GEWONNEN

JE FEINER WIRD SPEZIELLES GESPÜR
JE NÄHER KOMMST DU DEM WIRKLICHEN KÖNNEN
DOCH EBENSO VERRENNT DAS LEBEN MIT DIR
SCHON OHNE ZU BOHREN GELINGT DAS ERKENNEN

AUCH WENN DIE SPEICHER DES WISSENS STETS WACHSEN
DIE ZEIT REICHT NICHT AUS---ES GUT ZU VERDAUEN
SO BLEIBT EBEN DOCH DEM FACHSPEZIALISTEN
DER STETS GESUCHTEN ERFAHRUNG ZU TRAUEN

DER KÜNSTLER DARF GLÜCKLICH EXPERIMENTIEREN
IDEEN KREIEREN IN WORT BILD UND TON
DENN ER IST SEIN MASS-STAB BEI ALLEM ERSCHAFFEN
DAS WIRKLICHKEIT WERDEN IST BEREITS SCHON SEIN LOHN

Berlin, den 26.9.2012

MINI

WAS ZAUBERT DIR DER HERBST HERBEI
EIN WUNDER IN VIEL FARBEN
DAS ROT SCHLEICHT SICH ALS ERSTES EIN
DIE BIRKE WÄHLT DEN SONNENSCHEIN

TRÄUMEND SCHAUST DEM BLATT DU ZU
SCHWEBT ES AUF DEN BODEN
VERSTECKT DAS GRAU DER STEINE DORT
FÜR WAND'RER WIRKT ES ZART WIE GOLD

Berlin, den 6.10.2012

UNTERSCHIED

DAS BILD BANNT EINEN AUGENBLICK
FÜR ALLE EWIGKEIT
DU TAUCHST IN DIE VERGANGENHEIT
VOR DEINER LEBENSZEIT

GANZ PLÖTZLICH WURDE MIR BEWUSST
WELCH DIFFERENZ ZUM WORT
BEDARF SEHR FEINER SCHILDERUNG
DASS MAN ERAHNT DEN ORT

VERMITTELN KANN DER INHALT SICH
DURCH AUFMERKSAM BETRACHTEN
OB ABSICHT SICH ZUM LICHT DURCHBRICHT
OFT DEUTER ERST ERDACHTEN

MUSIK ALS KUNSTFORM WANDELT SICH
IN INNERLICHES BILD
WEIL DEIN ERLEBTES ZIEHT DURCHS ICH
UND FÜHLEN DICH ERFÜLLT

DER SEELE SIE AM NÄCHSTEN IST
UNS ZIEHT INS SCHWINGEN EIN
DOCH WEHRT SIE UNS DEN BILDUNGSBLICK
IN FREMDEN VOLKES SEIN

DAS BILD ERSCHLÄGT OFT RAUM UND ZEIT
LÄSST SCHWEIGEND DICH BETRACHTEN
WIE FRÜHER MAL DAS LEBEN WAR
MENSCHEN TROTZ MÜHSAL LACHTEN

BILDER SPRACHE UND MUSIK
BEREICHERN UNSER LEBEN
WAS JEDEM IST DAS LEICHTESTE
WIRD ER FÜR SICH ANSTREBEN

RESPEKT GEBÜHRT HALT JEDER KUNST
DIE ALLTAG HILFT ZU MEISTERN
DIE NEUGIER DARAUF HÄLT UNS JUNG
IST GLANZ IM FREIZEIT-FEIERN

VERNETZT

DU FÜGST DICH WIE EIN PUZZLETEIL
IN DEINE TÄGLICHE UMGEBUNG
MUSST REAGIEREN UND EMPFINDEN
WAS ALLES DRAUSSEN VON DIR WILL

DER FLUSS DES LEBENS ÄNDERT ALLES
IN JEDEM KLEINEN AUGENBLICK
DENN WENN DU AUF DAS UMFELD ACHTEST
GESTALTET ER DICH STÜCK FÜR STÜCK

OB DU DICH ZU DIR HIN ENTWICKELST
ODER VON DIR WEITER WEG
LIEGT AN DEINER GROSSEN SORGFALT
WIE MAN FREUNDE SICH ENTDECKT

NUR PFLEGEN MUSS MAN DIE KONTAKTE
DIE UNS BEREICHERN DURCH IHR SEIN
DANN WIRD DEIN HERZ AUCH NICHTS MEHR QUÄLEN
WENN DU NACH AUSSEN SCHEINST ALLEIN

Berlin, den 16.11. 2012

FOLGER ODER FÜHRER

WER WIRD ZUM FÜHRER UND WER NUR ZUM FOLGER
FRAGT SICH SO MANCHER – DER SUCHT NACH ′NEM GRUND

ENTSTEHT DAS ERGEBNIS AUS FÜHRENDER PRÄGUNG
WORIN SICH DER PRÄGENDE SELBST GIBT OFT KUND

WAR ER EIN BESTIMMER – DER WOLLTE DIE ROLLE
KANN ER NUR FOLGER NACH SICH GENERIER'N

DOCH WENN EINER SOLLTE VERANTWORTUNG TRAGEN
DANN KREIERT DIESE ROLLE DIE FÜHRERGEBURT

DIE KOMPETENZ SELBST VERFÜHRT ZUM KOPIEREN
UND NICHT DAS WOLLEN GIBT INNEREN HALT

MAN MUSS WIRKLICH GROSS SEIN – UM VIEL ZU BEDENKEN
WAS KÖNNTE PASSIEREN DURCH UNACHTSAMKEIT

GIBT EINER NUR VOR – DAS SEIN ZU ERKENNEN
TÄUSCHT ER SICH SELBST SO WIE SEINE WELT

AUF WANKENDEM GRUND KANN NICHT STABILES GEDEIHEN
DER UNTERGRUND MUSS STÜTZEN TROTZ REGEN UND WIND

ES FEHLT DAS DURCHSCHAUEN GEHEIMER VERKETTUNG
IST MÜHSAM ZU FOLGEN DEM ÄUSSEREN DRUCK

DRUM FOLGEN SO VIELE MIT GLÜCKLICHEN AUGEN
UND SELTEN SICH SO EIN FÜHRER ERFIND'T

Berlin, den 10.11.2011

BALANCE

ICH SCHLEICHE MICH
IN DIE RITZEN DER SEELE
ENTDECKE DIE RESTE
VERGANGENER ZEIT

OB MAN MICH GEBETEN
ODER NICHT WÜNSCHTE
VERÄNDERT NICHT
WAS SICH MIR DORT ZEIGT

GOLDGLÄNZEND VERZIERUNG
STRAHLT ZAGHAFT DURCH FLECKEN
DEN SCHIMMEL SICH FORMTE
DURCH PFLEGLOSES SEIN

DIE SPUREN SICH DEUTLICH
MARKIEREN IM WESEN
NACH AUSSEN DRINGT OFT
NUR SEHR MATTER SCHEIN

LEBEN VERLANGT STETS
NACH GLEICHEN GEWICHTEN
ERSCHAFFT SICH DESHALB
DIE EIGNE BALANCE

JE MEHR MAN VERTRAUT IST
MIT DIESEN GESETZEN
SCHLEICHT STAUNEN SICH WEG
GEBIERT DIE DISTANZ

SIE WIRD IMMER GRÖSSER
VERHINDERT ERKENNEN
SCHÜTZT TELLER DER WAAGE
VOR ZU SCHWERER LAST

DENN WISSEN SCHÜTZT NICHT
VOR QUÄLENDEN SCHMERZEN
VERWEIL IN GEDANKEN
BEI EUCH NUR ZUR RAST

Berlin, den 6.11.2012

WECHSELWIRKUNG

DU FÜGST DICH WIE EIN PUZZLETEIL
IN DEINE TÄGLICHE UMGEBUNG
MUSST REAGIEREN UND EMPFINDEN
WAS JEDER ANDRE VON DIR WILL

DER FLUSS DES LEBENS ÄNDERT ALLES
IN JEDEM KLEINEN AUGENBLICK
DENN WENN DU AUF DAS UMFELD ACHTEST
GESTALTET ES DICH STÜCK FÜR STÜCK

OB DU DICH ZU DIR HIN-ENTWICKELST
ODER VON DIR WEITER-WEG
LIEGT AN DEINER GROSSEN SORGFALT
WIE MAN FREUNDE SICH ENTDECKT

NUR PFLEGEN MUSS MAN DIE KONTAKTE
DIE UNS BEREICHERN DURCH IHR SEIN
DANN WIRD DAS HERZ AUCH NICHT SEHR QUÄ-
LEN WENN WIR MAL ÄUSSERLICH ALLEIN

Berlin, den 19.11.2012

ALL ---- T A G

ALLTAG IST EIN UNWORT --DENN JEDER IST EINZIG
GEMEINSAM IST NUR VERSTRICHENE ZEIT
KEINER GLEICHT VERGANGEN IM INHALT
AUCH WENN ES ÄUSSERLICH OFT SO ERSCHEINT

DAS LEBEN SCHREIBT SELBST DIE NEUEN GESCHICHTEN
WEIL JEDER ZELLE DIE ZEIT AUCH VERGEHT
BEWERTEN WIR SO GEWICHTET SEKUNDEN
WIRD IN DEM GEFÜHL DAS IRRWORT VERWEHT

GENIESSEN WIR WACH DEN FLIESSENDEN STROM
KANN UNS AUCH DAS DELTA NICHT WIRKLICH ERSCHRECKEN
ER VERLIERT DABEI NUR DIE SICHTBARE FORM
UND MAHNT UNS - DIE BEDEUTUNG DES IST'S ZU ENTDECKEN

Berlin, den 19.11.2012

HÄTTE

WER NICHTS VORSÄTZLICH BÖSES
ALS ABSICHT HEGT
IST NIEMALS WIRKLICH VERANTWORTLICH
DENN SEIN RECHNER HAT ALLES
FÜR DEN MOMENT OPTIMIERT

KOMMT ER SPÄTER MIT DEM WORT „HÄTTE"
DAHER - GESTEHT ER SEINE SCHULD
DENN DANN HAT ER ES SCHEINBAR
BESSER GEWUSST UND SICH ABSICHTLICH
ANDERS ENTSCHIEDEN

Berlin, den 19.11.2012

BEOBACHTUNG AN MENSCH UND TIER

WONNE BEREITET DER KLEINSTE TROPFEN
GEZOGEN AN DER MUTTERBRUST
SPÄTER IST ES EINE FLASCHE
DIE GELEERT MIT ALLER WUCHT

SCHON BEGINNT DAS LEBENS DRAMA
HÖRST DU AUF - WENN BAUCH GEFÜLLT
ODER LUTSCHST DU KRÄFTIG WEITER
BIS DIE LUST IN DIR GESTILLT

MANCHE MUSS MAN ÜBERZEUGEN
SIND SEHR FRÜH SCHON NICHT AKTIV
UMFELD MUSS SICH SEHR BEMÜHEN
DASS LEBENSLUST DOCH NOCH ERBLÜHT

IMMER GRÖSSER WIRD DIE MENGE
UND DIE VIELFALT WÄCHST UND WÄCHST
KANNST NUR AUSWAHL NOCH GENIESSEN
WEIL ZU DICK WIRD SONST DER SPECK

SCHON IN DEINER LEBENSMITTE
IST DER KÖRPER SCHLAU GENUG
NICHT MEHR GROSSEN BERG ZU BRAUCHEN
SONST GESUNDHEIT IM VERZUG

UND NOCH SCHLIMMER SOLL ES WERDEN
KENNST VON ALLEM WOHLGESCHMACK
DARFST NUR NOCH VON ALLEM NIPPEN
WEIL DEIN KÖRPER SONST VERSCHLACKT

LUST AN ALTEN LEBENSTAGEN
KAUFST DU MIT NEM OPFER EIN
DENN DU KANNST NUR NOCH VERTRAGEN
SCHON BEIM FRÜHSTÜCK HALBES EI

UND ES LOCKEN EIGNE FRÜCHTE
DIE DU SCHWER ERSCHUFTET HAST
DOCH WENN WILL DEIN MUND SICH LABEN
STRAFT DEIN KÖRPER DICH EN MASS

FRÖHLICH WIRD DIR NUR ZUMUTE
WENN DU DARAUS MACHST EIN SPIEL
UND DAS NIPPEN AN DER VIELFALT
SICH VERSÖHNT MIT DEINEM ZIEL

JA---DER KREIS IST NUN GESCHLOSSEN
VON DEM TROPFEN BIS ZUR KRUM
BRINGT SELBST DIESE KEINE FREUDE
IST AUCH DIE LUST FÜR IMMER STUMM

Berlin, den 8.2.2013 Orions Lebensdrama hat sich am 6.2.2013 geschlossen

ABSCHIED

LIEBESERKLÄRUNG AN MEIN AM 6.2.2013
INS JENSEITS GALOPPIERTE PFERD ORlON

WASSER IST STETS IN BEWEGUNG
SO EMPFINDET MEINE SEELE
SUCHEND FÜHLT SIE FROHE HOFFNUNG
WIRD DANN PLÖTZLICH SCHARF GEBREMST
STAUNT UND KENNT NICHT NEUE RICHTUNG
WIRD WIE STRANDGUT ANGESCHWEMMT

KANN MICH SELBST SO NICHT VERANKERN
BIN DEM GEFÜHL NUR UNTERTAN
MÖCHTE DOCH SEHR GERN MICH STEUERN
UND NICHT NUR ZU STEIN ERSTARR'N

WIRD DIE ZEIT DIE WUNDEN HEILEN
WIEDER GRUND DEN FÜSSEN SEIN
DASS IN GEGENWART ICH LEBE
UND DAS LICHT DER SEELE SCHEINT

SCHARFE KANTEN TRENNEN WELTEN
NICHTS VERSCHWIMMT WIE SONST GEFÜHL
SCHWARZ UND DÜSTER EINE SEITE
SEHNSUCHT RUFT NACH LICHTGEFÜHL

WIRST DU JE MICH ÜBERLASSEN
ÜBRIG LEBEN IN DER WELT
ODER BLEIBST DU AN DER SEITE
BIS AUCH ICH DAS SEIN VERFEHLT

DANK FÜR JEDEN TREUEN BLICK
FROHES WIEHERN LAUTES SCHNAUFEN
IMMER WARST DU FÜR MICH GLÜCK
HAST DICH IN MEIN HERZ VERLAUFEN

Berlin, den 14.2.2013

VERWANDTE

VERWANDTE HAT MAN
OB MAN MIT IHNEN UMGEHT
GERN ODER UNGERN
IST SEHR UNTERSCHIEDLICH

VERWANDTE GEISTER F I N D E T MAN
MIT IHNEN LÄSST ES SICH VORTREFFLICH STREITEN
ABER IMMER NUR EINE WEILE

ÜBER VERWANDTE SEELEN STOLPERT MAN
MUSS SIE ABER WIE EIN KLEINOD VERSTECKEN UND HÜTEN
SONST WERDEN SIE VON NICHTVERWANDTEN ZERSTÖRT

Berlin, den 16.2.2013

DER NEIDER
Mensch beneidet das Tier, welches guten Arzt gefunden

ACH WÄR ICH DOCH EIN HASE
WÜRD HYPOCHONDER SEIN
MIR LIEFE MAL DIE NASE
UND ZWICKTE ES IM BEIN

EIN OHR QUÄLT MEINE SEELE
DAS AUGE TRÄNT SO STARK
MEIN MENSCHLEIN IST GANZ FÜGSAM
UND BRINGT MICH OFT ZUM ARZT

SO TREFFE ICH AUF WUNSCHMENSCH
DER MICH SEHR ERNST BESCHAUT
WENN AUCH MIT LEICHTEM LÄCHELN
DIE L I S T IST IHM VERTRAUT

GEWINN IST BEIDEN SICHER
DER EINE HAT NEN JOB
UND ICH DER H A S E WEISS NUN
WIE MAN DIE MENSCHEN FOPPT

Berlin, den 17.4.2013

Ich bin ein Klavier – Rönisch exquisit

Ich wurde schon unter merkwürdigen Umständen gekauft. Für den Export wurde ich produziert, der DDR, dem deutschen sozialistischen Staat – der Deutschen Demokratischen Republik sollte ich Devisen bringen. Durch eine dauernde Nachfrage und Drängeln und Kaufen diverser anderer Instrumente wurde der Verkäufer auf die Nachfragende aufmerksam. Schließlich wurde die Aussicht, bar und sofort bezahlt zu werden für meinen Verkäufer interessant. Ich weiß nicht warum – aber es war so. Also eines Tages konnte mich eine richtige DDR-Bürgerin kaufen, bezahlen und zu sich transportieren lassen. 10.000 Einheiten in der Währung der DDR.
In einem „Beatschuppen" wurde ich gut verpackt gelagert, denn eine Geldtransferanlage sollte mein Los werden. Bis zur Ausreise meiner neuen Besitzerin musste ich im Verborgenen dahinvegetieren – ohne auch nur einen Ton in die Umwelt zu schicken.
Das ist das traurigste Los für ein Klavier – noch dazu für ein so tolles Exportinstrument, das für Devisen auf dem internationalen Markt gebaut worden war. Jedenfalls war eines Tages meine neue Besitzerin weg und ich stand immer noch verloren zwischen ollen Gegenständen in einem eigentlichen Abstellraum. Ich hatte gute Bewacher und vor allem war durch meinen plötzlich abwesenden Besitzer alles irre gut vororganisiert.

Eines Tages kam ein Transportunternehmen und verlud mich. Aber was war alles vorher nötig – jedes einzelne Buch musste katalogisiert aufgelistet werden, neben jedem Löffel, jeder Gabel und jedem Messer. Alles musste per Liste eingereicht und genehmigt werden, mühsam für die Verwaltenden.
Jedenfalls bin ich in einer Westberliner kleinen Wohnung in Reinickendorf bei meiner Besitzerin gelandet. Ja, es sollte endlich meine Aufgabe sein, meiner neuen Besitzerin zu helfen, etwas Geld mit mir zu verdienen. Natürlich ist das kein Vergnügen für mich – einem elitären Instrument – den Anfängern in einem 5 Tonraumumfang die Klangfarbe eines Klaviers zu vermitteln. Egal, ich war endlich bei meiner neuen Besitzerin

und hatte einen Ehrenplatz in ihrer 36 Quadratmeter Wohnung, wurde geliebt, genutzt, ab und zu auch mal lustvoll auf mehr als Fingertasten rechts und links gespielt.
So lebte ich ein paar Jahre, bis meine neue Heimat schon wieder nicht das Richtige war. Plötzlich fuhr man mich in eine fürstliche 120 Quadratmeter Wohnung in Spandau. Aber Unterricht war nicht mehr mein Metier, denn meine Eignerin hatte jetzt eine Schule mit Musiksaal und speziellen Unterrichtsräumen zur Verfügung. Also wieder Schlafenszeit, denn sie war ja nur außer Haus und ich blödelte so vor mich hin.
Dann hatte sie die Schule satt, die Unfreiheit, sich am Nachmittag durch Lümmel stören zu lassen und ständig auf Hausmeister angewiesen zu sein. Jetzt begann meine Zeit. Die eigentliche Aufgabe. Mehr als 5 Töne rechts und links, Schüler, die schon mal schwarze Tasten genauso gekonnt nutzten wie die weißen und die Freude, für sie da zu sein, gaben mir Kraft, Klang im Raum wieder zu entfalten, lernen, fröhlich die Finger tanzen zu lassen, begabte und unbegabte Finger zu trainieren war endlich eine Aufgabe. Vier bis 84 Jahre waren die Menschen, die meine Tasten bedienten. Manche heimliche Geschichten habe ich belauscht, die vom Lehrer zum Schüler oder umgekehrt erzählt wurden.
So und nun geht meine Geschichte erst mal zu Ende, denn heute, am 26.4.2013 – 25 Jahre später – bin ich an meinen Warteort zurückgekehrt.
Aber nicht in einen Abstellraum – nein – in ein hübsch eingerichtetes Musikkabinett, in dem meine exquisite Ausstattung nun endlich auch zur Geltung kommt:
auf blauem Teppich mit Franz Marc Plakat zur rechten Hand, Glasregalen im Rücken der Spieler, Kaminuhr auf meinem Deckel – einfach eine todschicke Umgebung.
Denn meine Besitzerin hatte in den vielen Jahren neben aller Arbeit aus einer Garage einen Behandlungsraum, aus einem Hühnerstall eine Küche und ein Bad und aus dem sogenannten Beatschuppen einem anspruchsvollen Unterrichtsraum mit Klavier, Keyboards, Akkordeons, Gitarren, Querflöten, Blockflöten vom Sopran bis zum Bass, Cello, Trompete, Mundharmonikas und diversen Orffschen Instrumenten gezaubert.

ICH GEHÖRE IN DIESEN RAUM – raunte ich meiner Besitzerin zu. Sie erhörte mein Flehen und setzte sich gegen alle Widerstände durch. Verkaufte das dort stehende Klavier und organisierte tatsächlich meine Rückkehr.

Sie liebt mich, das war mir endlich bewusst, als ich endlich nach einem viertel Jahrhundert an meinen Warteort zurückgekehrt war.

Allerdings hatte ich jetzt auch keine arme Kirchenmaus mehr als Besitzerin, sondern eine wirkliche – so wie ich – exklusive, gut situierte Chefin.

Die FREIHEIT hatte ihr auch Wohlstand eingebracht. Autos, Pferd, Boot, viele große Reisen auf alle Kontinente und vor allem GESUNDHEIT, die zu DDR-Zeiten schon auf dem Nullpunkt war.

Ich bin Zeuge, ICH – DAS KLAVIER – was die Freiheit einem Menschen ermöglichen kann, wenn er bereit ist, seinen Fleiß zu investieren und niemals aufgibt, sein Ziel anzusteuern.

So wie ich – ich war für den Export bestimmt, für den Export in die Freiheit, das habe ich erlebt.

Die Freiheit des Denkens und damit des Sagens, des Organisierens, des Handelns hat die DEVISEN erbracht – NUR NICHT DEN BONZEN DES KOMMUNISMUS – SONDERN für meine neue Besitzerin.

Danke meiner Kämpferin für unsere Freiheit.

Berlin,den 26. April2013

FREUND

ICH BIN MEIN BESTER FREUND
NUR BEGEGNE ICH MIR SELTEN
SONST HÄTTE ICH MEHR ZEIT
MANCH UNHEIL ABZUWENDEN

BIN STÄNDIG IM GEDRÄNGE
DER FREMDE AUFTRAG EILT
MUSS ERST DEM ANDERN DIENEN
SO KAUM NOCH KRAFT VERBLEIBT

ES SIND NICHT NUR DIE MENSCHEN
SICH SELBST ZUM FREUND BESTELLT
VERLANGEN AUCH DIE TIERE
ZEIT ARBEIT LIEB UND GELD

UND HOBBYS GIBT ES VIELE
DIE JAGEN MEINE SEELE
SO DASS ICH EWIG HECHLE
WEIL NEUGIER MICH STETS QUÄLTE

BEI MIR SELBST ZU VERWEILEN
BLEIBT DESHALB WENIG ZEIT
UND NICHTS MÖCHTE ICH ÄNDERN
DER BESTE FREUND VERZEIHT

Berlin, den 10.5.2013

SO ODER SO

EGAL WIEVIELE JAHR' DU ZÄHLST
DIE SCHON VERGANGNEN SIND GELEBT
DOCH DIE NOCH KOMMEN ZEIGEN ERST
OB LUST UND NEUGIER DICH BESEELT

MANCH EINER SCHLENDERT SO DAHIN
WIE ES DIE "ALTEN" ZEIGTEN
UND KOMMEN DAMIT AUCH ANS ZIEL
DOCH´S I C H SEIN SIE VERPASSTEN

DAS ES BLIEB STETS VERSTECKT IM WIR
UND KÄMPFTE NIE DAGEGEN
WAS SO ERLAUBT UND PROGRAMMIERT
KEIN ABENTEUER LEBEN

BEGIBST DU DICH IN DIE GEFAHR
KOMMST DU DARIN ZU SCHADEN
SO BRACHTEN ES DIE ELTERN BEI
DAS HATTEN SIE ERFAHREN

DOCH WELCH EIN GLÜCK DU DA VERPASST
KANNST DU NUR SELBST ERKUNDEN
GEFAHREN MEISTERN IST DIE LUST
HAT'S LEBEN SELBST ERFUNDEN

DANN WIRD AUCH JEDER TAG EIN GLÜCK
DIE TEMPI SIND NUR ANDERS
DIE JUGEND STÜRMT VON STÜCK ZU STÜCK
DIE ÄLT'REN LANGSAM WANDERN

DAS ENDE KOMMT AUF ALLE ZU
OB MIT DEM WORTE "HÄTTE"
ODER MIT " ICH HABE"
UND WAS WÜNSCHST DU DIR FÜR DIE RUH
IM KALTEN GRAUEN GRABE?

Berlin, den 23. 5. 2013

FRAGE

ICH SCHAU AUF DIE UHR – ES IST EGAL
NICHTS HINDERT MEIN ERLEBEN
DER KAHN SCHAUKELT SANFT IM SONNENLICHT
UND DEM DARF ICH MICH ERGEBEN

DIE LIPPEN GENIESSEN DIE SÜSSE DER TRAUBEN
DIE AUGEN WERDEN VON PAPPELN VERWÖHNT
WIE STOLZ SIE IN DEN HIMMEL RAGEN
UND AUCH SIND MIT DER WELT VERSÖHNT

SCHON DAS BESCHREIBEN STELZT AUF KRÜCKEN
WEIL JEDER AUGENBLICK VOLL GLÜCK
DIE ALLTAGSWELT HAB ICH VERLASSEN
JETZT WILL ICH NIRGENS HIN ZURÜCK

EIN LEICHTER WINDHAUCH KÜHLT DIE FLÄCHEN
DIE ICH DER SONNE AUSGESETZT
ER SCHÜTZT SIE SO VOR DEM VERBRENNEN
DENN DÜRSTEND ICH NACH SONNE LEFZT

SELBST DAS GEHIRN MACHT EINE PAUSE
ERGIBT SICH VOLL IN DEN MOMENT
IST DAS NUN ENDLICH DAS ZU HAUSE
DASS NICHTS UND NIEMAND MICH MEHR HEMMT

NEIN, NUR DER KURZEN WEILE ZIEMT
SOLCH AKTIVIEREND KRÄFTE TANKEN
DAS BUNTE LEBEN MICH NOCH LOCKT
DURCHS HANDELN ZUM ERLEBNIS WANKEN

Berlin, den 23.5.2013

KEIN DRUCK – ETWAS TUN ZU MÜSSEN
KEIN SCHMERZ – DER DER HEILUNG BEDARF
KEINE SORGE, DIE WÄR DURCH DICH SELBST ZU ÄNDERN
KEINE HOFFNUNG – DIE ZUR UNGEDULD DRÄNGT

DER ZUSTAND IST WIE EIN TAUCHEN IM WASSER
DIE LUST BLEIBT AUF DEN MOMENT BESCHRÄNKT
DU WEISST, DASS DU GLEICH HOCHSCHWIMMST ZUM ATMEN
DAS SCHWERELOSE SICH EILIG VERDRÄNGT

SCHON BEGINNST DU ZU SPEKULIEREN
WAS KÖNNTE ICH DENN NUN SINNVOLLES TUN
WIR HABEN VERLERNT UNS SELBER ZU LEBEN
UND GÖNNEN UNS NUR NACH ARBEIT ZU RUH'N

DAS TIER SCHLÄFT; WENN ES SATT UND GEBORGEN
DOCH MANCHE ART SPIELT UND BESCHÄFTIGT SICH SO
DA IST DIE WAAGE SCHON UNGLEICH GEWORDEN
SIE PFLEGEN AND'RE AUS GRUPPENGEBOT

DIE ANDERN ZU HEGEN NUR AUS DER MUSZE
DAS KÄME DEM MENSCHEN DOCH NIE IN DEN SINN
ER HEGT EINE ABSICHT BEI ALLEM GEBAREN
UND SEI AUCH DAS GUTSEIN NUR IN SEINEM SINN

WIR SIND WAHRE KRÜPPEL IN UNSERM GEMÜT
ENTWEDER ARBEITEN WIR UNS SELBER ZU TODE
ODER UNS PLAGT DIE INNERE PEIN
WEIL WIR BEI DENEN NIE GERNE WOLL'N SEIN

DASS WIR SO GANZ OHNE PFLICHTEN UNS WOHLFÜHL'N
UND NUR NOCH WOLL'N SPIELEN DAS MENSCHLICHE SEIN

Berlin, den 29.5.2013

TIERE SIND SO PENETRANT
WENN SIE SICH WAS ERHOFFEN

SIE SCHUBSEN SCHREIBEND HAND DIR WEG
UM STREICHELN ZU ERZWINGEN

DU SCHUBST ES ERSTMAL WIEDER FORT
DOCH KURZ DARAUF VON NEUEM

LEGT ES DEN KOPF AUF DEINEN SCHOSS
BEGINNT VERSTEH'N ZU LEUGNEN

BIS ES ERREICHT SEIN EIGEN ZIEL
DU WIDMEST DICH IHM VÖLLIG

DU STREICHELST, KOST, VERWÖHNST ES DANN
BIS ES SAGT "ICH W I L L N I C H T" !

Berlin, den 29.5.2013

KEHRSEITE

NUTZEN UND SCHADEN BEDINGEN EINANDER
EINS KANN OHNE DAS ANDRE NICHT SEIN
WIE JEDE FRONTSEITE AUCH HAT DEN RÜCKEN
SOLL'T MAN NICHT EIN JANUSKOPF SEIN

UNS ZEICHNET AUS DIE GABE DER PAUSE
UND ZEITLICH VERSETZT DIE BEIDEN ZU LEBEN
DESHALB ERSCHRECKT UNS OFT DAS ERWACHEN
WENN WIR GEZWUNGEN – BEDINGTES ZU SEHEN

STELLEN SICH FÜHLBARE SCHÄDEN EIN
KRAMEN WIR KRAMPFHAFT NACH MÖGLICHEM VORTEIL
DA LEBT SICH DER NUTZEN UNBESCHWERT LEICHTER
UND BLENDET DAS WISSEN UM RÜCKSEITEN AUS

DAS AUF UND AB – DAS LACHEN UND WEINEN
ES BLEIBT IN DER WAAGE AM ENDE DER TAGE
NUR MANCHMAL MELDET SICH SCHWERLASTIGKEIT
UM GEGENWERT ZU SCHAFFEN FÜR SORGLOSIGKEIT

Berlin, den 18.7.2013, Rückseitenerlebnis

Fresco ging zu Orion